海日樓文集

錢仲聯題

[清]沈曾植 著 ○ 錢仲聯 編校

SPM 南方出版傳媒
廣東教育出版社
全國優秀出版社 全國百佳圖書出版單位
·廣州

圖書在版編目（CIP）數據

海日樓文集 /（清）沈曾植著；錢仲聯編校. —廣州：廣東教育出版社，2019.9（2019.12 重印）
ISBN 978 - 7 - 5548 - 2564 - 8

Ⅰ. ①海… Ⅱ. ①沈… ②錢… Ⅲ. ①雜著—中國—清後期 Ⅳ. ①Z429.52

中國版本圖書館 CIP 數據核字（2018）第 217124 號

特約編審：宋　浩
責任編輯：劉　帥　王曉晨　吳　傑　李　慶
責任技編：姚健燕
裝幀設計：匯正藝術·張綺華

海日樓文集
HAIRILOU WENJI

廣東教育出版社出版發行
（廣州市環市東路 472 號 12 - 15 樓）
郵政編碼：510075
網址：http://www.gjs.cn
廣東新華發行集團股份有限公司經銷
廣州市嶺美文化科技有限公司印刷
（廣州市荔灣區花地大道南海南工商貿易區 A 幢）
880 毫米×1230 毫米　32 開本　9 印張　225 000 字
2019 年 9 月第 1 版　　2019 年 12 月第 2 次印刷
ISBN 978 - 7 - 5548 - 2564 - 8
定價：88.00 圓
質量監督電話：020 - 87613102　郵箱：gjs - quality@nfcb.com.cn
購書諮詢電話：020 - 87615809

沈曾植像

沈曾植官帽照

沈曾植便装照

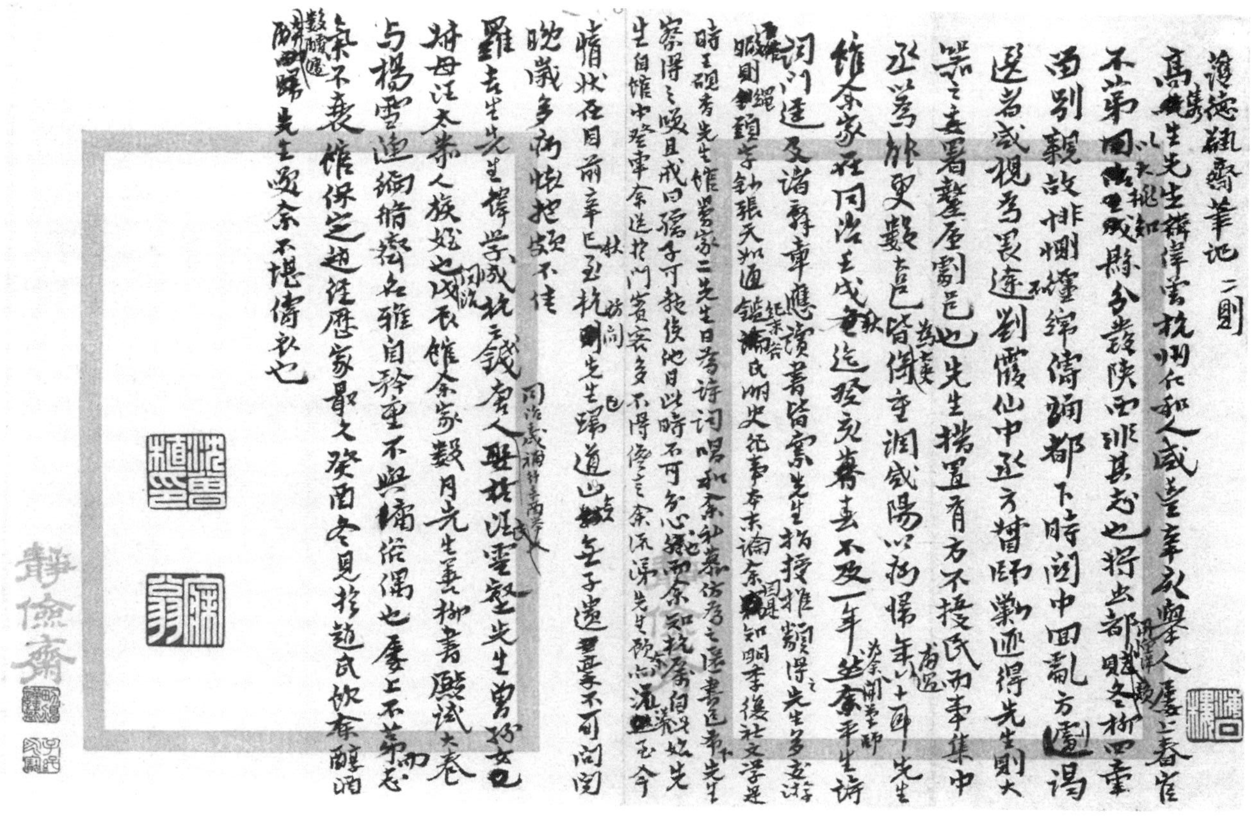

沈曾植《業師兩先生傳》手稿

定廬集序

曾植少孤獨學無友所由粗識為學門徑近代諸儒經師人師之淵源派別文字利病得失多得之武進李申耆及吾鄉錢衎石先生文集中兩先生吾私淑師也而錢先生同鄉里為尤親先生與先司空公為同年又為吾妻之外曾祖先生少子徐山子舟兩先生皆得奉手承教周旋累歲舉凡先生之敬歷志事與夫音容笑貌性情嗜好往往有小聞瑣語覆而證諸文字空曲交會之中先生之微尚淵思若親接於謦欬若從先生上邱陵而從其向指南其樂意乃每得之意外而視俗尚所趨當代聞人所標持為職

本書底本《海日樓文集》鈔校本之《定廬集序》一

志而諱寵一時者又若先生時時為吾抉其利弊學在此
不在彼也同此志同此樂者則崑山李橋農廉使表弟與
吾弟子封學使光緒初元甲乙丙丁之間橋農子封治算
學余治地理書三人各有專業而文學指歸壹折衷於錢
氏荒江寒日步履相過往往想像李杏村朱雲陸董方立
諸君與先生講習游從時意擬其性情賞會以為笑樂境
有所觸則相與歌先生詩以自遣若寶真齋法書贊仲家
淺虞仲翔祠諸篇皆當時所遙吟俛唱沉吟不已者也顧
獨恨刻本止刻楮旅逸兩稾全集聞且千餘篇思之未由
得見吾宗穀成庶常味畬孝廉先生之外孫多見未刻稾

本書底本《海日樓文集》鈔校本之《定廬集序》二

嘗誦其名篇雋句相詩示又為言先生所選冰蔬集中國
初遺老戚嘯門山東李少鶴詩相與測其去取義例寒鐙
永夜去今四十年謦欬猶在耳也當嘉慶朝開館重修會
典先生與桐鄉程春廬大理秀水朱雲陸給諫同在館中
咸以博聞通識綜練國故見推京朝官字為嘉禾三傑大
理名滿天下而著述散佚不傳世所 國策釋地遂棄手藁所下
奪一字文集之本補稱字是否出於公意不可知矣非其至也文集刻僅數十頁給諫
邃於天文算[redacted]學旁及陰陽壬遁百家雜說靡不通顧未
嘗有所纂述獨先生著述既多遺藁滿家其鉅帙若碑傳
集之本若三國會要近歲辛籍書局官刻以流通詩集以

本書底本《海日樓文集》鈔校本之《定盧集序》三

無定本故子孫秘不示人逾久遂浸〻亡失方余在皖橋農在浙臬公餘暇日頗思募訪得之傳刻以完私願因緣睽錯卒無端倪滄桑國變轉徙海隅萬事皆非生人道盡則夫平生積習文字空華固已枯木寒灰眇乎不堪重省憶矣是歲小除藝風編修示余錢氏兩世書翰巨卷及鈔本錢氏家集為言遺書散出事處然慨息既介紹橘農收之越歲而山陰諸真長太守示余此集寫本清整文句增改識為先生親筆詩且　蕭與刻楮旅逆兩槀數幾相等望外得之歡書踊躍急借以示橘農〻〻瞿然遽業定本作矍此從手稿曰校勘摹刻我責也兄當助我余為請於貞長

本書底本《海日樓文集》鈔校本之《定盧集序》四

而貞長許之蓺風亦復得錢氏所藏合校焉於是先生中年詩略具其先後可得而論焉先生鴻博偉麗雲蒸海負之閎才削骨落膚超心鍊冶平生不肯與諸名士才華角逐其於詩自律甚嚴迄晚歲寫定篇章完然成帙而闕而不出亦終未序述自意之所存先生於詩意豈尚有不自慊者耶夫其造境之深亦既極乎行遠而微至自詩騷漢晉唐宋以來世道以降亦世有其真有志者莫不欲反降以為升而升之所窮仍各適其真而止吾鄉前輩若竹垞若籜石則既然已雖先生亦胡獨不然而且欲然常若有所不敢盡則其不自慊者乃其所以自得者耶嘗桓讀先

本書底本《海日樓文集》鈔校本之《定廬集序》五

生書五十年迄今披卷籀尋乃尚若有其始無首其卒無

尾蕩蕩默默乃不自得者泰山巖巖魯邦所瞻噫遠矣

本書底本《海日樓文集》鈔校本之《定廬集序》六

跋星鳳樓帖

世所傳祕閣續帖星鳳樓帖戲魚堂帖絳帖鼎帖同一板刻而隨時易名其標題及卷末題字皆別一板拓而裝之敘次亦隨易翁氏所稱僞絳帖即此物也以余所見有拓本甚舊實為明代故物者亦頗見二三零種行款不异而神采迴殊昔賢以宋刻宋拓稱之審眎確然不謬者據沈德符野獲編稱淳熙續帖近世亦有翻刻則此帖之刻當在明萬歷季年沈書自敘在丙午而紀事迄己未如此刻在己未以前則約與王肯堂鬱岡齋帖同時如在丙午前則尚在王氏刻帖之辛亥歲前五六年矣舊本之精拓者

本書底本《海日樓文集》鈔校本之《跋星鳳樓帖》一

頗有神致雖不及停雲墨池鬱岡而尚勝餘清戲鴻徒以
譜系不明不為人信翁氏時稱為偽絳帖又往〻以翻本
元祐祕閣名之則亦未有定論余向以石刻鋪叙證之具
黄庭經後有臣遂良臨四字又有建業文房印蕭璠褚庭
誨孫思邈狄仁傑唐明皇批裴耀卿等奏李白胡英白居
易李德裕李商隱諸人書皆淳熙祕閣續帖所有而他本
絕無疑其以淳熙續閣重刻而續閣帖不與閣前帖複此
刻則複者甚多又其中寶章集神龍蘭亭樂毅論畫像讚
索靖月儀李懷琳絕交書之類皆元祐祕閣續帖所收非
淳熙所有竹林七賢書又汝帖所收元祐續帖所亦無有

本書底本《海日樓文集》鈔校本之《跋星鳳樓帖》二

也既久而悟其糅雜之因蓋元祐淳熙皆有續帖皆刻成
未久而石亡名既相混見其全者蓋尠曾宏父書元明人
亦罕述之而宋時會稽有覆刻元祐續帖又覆汝刻為蘭
亭續帖寶刻叢編二帖同條意當時相埒而行由此推之
此推刻初出蓋本名淳熙祕閣續帖而其祖本實兼有元
祐續帖在其中其元祐續帖亦本非太清樓下原石而乃
為會稽重刻之石故復羼入蘭亭續帖所收汝帖中之竹
林七賢崔浩諸書也其祖本非完帙故不能與鋪敘一一
相符而其本實從宋刻覆雕故舊本初拓出於明世者摹
勒精工神彩妍腴猶可與墨池相上下今如案曹氏所列

本書底本《海日樓文集》鈔校本之《跋星鳳樓帖》三

之目重加選擇而排比之尚可用昔賢搜輯逸書之例存淳熙續帖大半於人間若復明代舊稱則即不加選擇亦可署之（金云之疑當作為）淳熙祕閣續帖要之稱名既正端緒可尋此刻自有其本真而一切書賈妄加之題皆可削去其中佳帖如褚臨黃庭神龍蘭亭皆足以為書家攷證之資其品第固亦不遠出顧刻閣帖及鬱岡摹元祐續帖下也

本書底本《海日樓文集》鈔校本之《跋星鳳樓帖》四

序

沈乙庵先生爲近代傑出學者，王國維氏極力推崇。《觀堂集林》卷十九《沈乙庵先生壽序》曰：『先生少年固已盡通國初及乾嘉諸家之説；中年治遼、金、元史，治四裔地理，又爲道、咸以降之學，然一秉先正成法，無或逾越，其於人心世道之汙隆，政事之利病，必窮其源委，似國初諸老；其視經、史爲獨立之學，而益探其奥窔，拓其區宇，不讓乾嘉諸先生；至於綜覽百家，旁及二氏，一以治經、史之法治之，則又爲自來學者所未及。』此一概括，於先生學術面目作出基本鉤勒，並作出如實評價。除王氏述及者外，先生於醫、古代刑律、版本目録、圖畫、碑帖、樂律，無不精通。陳三立稱爲『博大真人不可名』；胡先驌稱爲『同光朝第一大師，章太炎、康長素、孫仲容、劉左庵、王靜庵先生，未之或先也。』良非過褒。先生早期曾與陳澧講論，中年又與李慈銘、李文田、洪鈞、文廷式諸人探討學術；晚與楊文會探索佛典；與羅振玉、王國維講論古音韻；與陳衍、陳三立、朱祖謀、張爾田探討詩詞，爾田並爲先生《蒙古源流箋證》整理校補。在國外，著名漢學家如日本那珂通世、藤田豐八、内藤虎次郎，法國伯希和諸博士，俱聞聲傾慕，謁談相契。俄國卡伊薩林爲作《中國大儒沈子培》一書，日本西本省三爲沈作小傳。先生無愧爲中外學苑之祭尊。其學術成就之卓越，反映清末民初之高水平。先生學術著作《蒙古源流箋證》已雕版行世，讀書筆記及古籍題跋，已由聯整理成《海日樓札叢》，於一九六二年由中華書局上海編輯所出版，詩集拙注稿及詞集校本已在中華書局付印中，凡此皆海内外士林所已見或將見者也。獨《海日樓文集》，學者渴望而莫睹其書，以爲憾事。四十年前，先生嗣子慈護館我於其滬西家中凡兩月，曾獲見此文集鈔本，爲孫德謙先生所整理，上有孫先生校識及金兆蕃附識。余全部鈔出此稿，歸後並複印副本。『文革』之禍，鈔本被劫，已成灰燼，幸複印本先爲友人借去，事過歸還，幸無缺失。後反復研閲，發現孫氏編次鈔本，有有題而無文者，更有脱漏之文未收者，如《頻伽精舍大藏經序》《讀元祕史後記》《文雲閣墓表》《光緒六年庚辰科進士策對》及其他零散雜文不少。至於編次，往往先後零亂，序類尤甚。因重加釐定，補入有題無文之作，於他家著作及選本中覓得之；復增補佚文，成爲今之全本。其次第爲論説、書、序、跋、贈序、壽序、雜記、碑銘、傳記、銘贊、祭誄、策問策對、雜著。其中學術性之文占多數，文藝性之文亦有之。先生之文，古雅奥邃，承其鄉朱彝尊之緒而突過之。其學術性之作，可與王國維氏所稱述者相參證，亦可與《海日樓札叢》之論相表裏。其中論西北史地之文，論詩詞學之文，論碑帖版本之文，論佛學之文，俱沉沉夥頤。文藝性之文，如雜記、銘贊諸篇，亦非桐城末派所能措手也。先生庚辰登科，出吾舅祖翁松禪相國門下，先師唐尚書文治早歲館翁氏而又爲先生門下士也。其世誼與師承之盤互如此。今編序先生文集，蓋不勝時節因緣之感焉。乙亥首夏虞山錢仲聯序於蘇州大學中國近代文哲研究所，時年八十有八。

目録

卷二

跋類上

卷三

跋類 下

卷四

贈序類

壽序類

雜記類

碑銘類

傳記類

銘贊類

祭誄類

策問對策類

雜著類

卷首

清史稿本傳

沈曾植，字子培，浙江嘉興人。光緒六年進士，用刑部主事。事親孝，母多疾，醫藥必親嘗，終歲未嘗解衣安卧，遂通醫。遷員外郎，擢郎中。居刑曹十八年，專研古今律令書，由《大明律》《宋律統》《唐律》上溯漢魏，於是有《漢律輯補》《晉書刑法志補》之作。曾植爲學，兼綜漢宋，而尤深於史學掌故，後專治遼、金、元三史及西北輿地、南洋貿遷沿革。尋充總理衙門章京。中日和議成，曾植請自借英款，創辦東三省鐵路，時俄之韋特西比利亞鐵路尚未建議也。不果行。母憂歸。兩湖總督張之洞聘主兩湖書院講席。拳亂啟釁，曾植與盛宣懷等密商保護長江之策，力疾走江、鄂，決大計於劉坤一、張之洞，而以李鴻章主其成，所謂『晝保東南約』也。旋還京，調外交部，出授江西廣信知府。曾植爲政，知民情僞而持之以忠恕，故事治而民親。歷署督糧道、鹽法道，擢安徽提學使，赴日本考察學務。三十二年署布政使，尋護巡撫。值江、鄂、皖三省軍會操太湖，而適遭國恤，群情恟恟，民一日數驚，城外礮馬兵又譁變。曾植聞之，登城守禦，檄協統余大鴻馳入江防，楚材兵艦擊燬東門外礮兵壁壘，黃鳳岐奪回菱湖嘴火藥局，一日而亂定。曾植在皖五年，重治人而尚禮治，政無鉅細，皆以身先。其任學使，廣教育，設存古學堂。又興實業，創造紙諸廠。會外人要我訂約，開銅官山鑛，曾植嚴拒之。未幾，貝子載振出皖境，當道命藩庫支鉅款供張，曾植不允，遂與當道忤。宣統二年，移病歸。遜位詔下，痛哭不能止。丁巳復辟，授學部尚書。事變歸，臥病海上。壬戌冬卒，年七十三。著有《海日樓文·詩集》。

嘉興沈曾植傳

宋慈抱

沈曾植，字子培，號乙盦，嘉興人。祖維鐈，字鼎甫，進士出身，官至工部右侍郎，學者稱小湖先生，有《補讀書齋遺稿》十卷。曾植八歲，讀李義山詩，通音韻之學；弱冠通國初及乾嘉諸家之說，於史學尤深。逾四載，以太學生中順天鄉試，因西北邊疆多故，治西北輿地之學，期應世變。二十八歲赴粤，省其仲父宗濟於連州署中，得交番禺陳澧，講學甚契。光緒六年成進士，以主事觀政刑部，籤分貴州司行走。嫥精今律，深究古律，有《漢律輯補》《晉書刑法志補》之作，長安薛允升推爲律家第一。而文名與李慈銘相埒，時稱『沈李』。十八年壬辰，兼充總理各國事務衙門俄國股章京，益究四裔輿地，先後有《蠻書》《黑韃志》《元朝祕史》《長春真人西游記》各箋注及《島夷志略廣證》之作。《廣證》就汪大淵書以新舊各圖證之，考見南洋各島唐、宋迄今之航路，並考見西洋人所建商埠，亦即古來商賈匯萃之區，尤發前人所未發。十九年癸巳，俄使喀西尼，以俄人拉特禄夫《蒙古圖志》中《唐闕特勤碑》《突厥苾伽可汗碑》《九姓回鶻愛登里囉汨没密施合毗伽可汗聖文神武碑》景本，送總理各國事務衙門，屬爲考釋。曾植時在譯署，作三碑跋以覆之，俄人譯以行世，西書中屢引其説。二十一年乙未，請自假英款創辦縱貫鐵道事，説大學士翁同龢開學堂、設銀行，與康有爲、丁立鈞、王鵬運、袁世凱、文廷式、張孝謙、徐世昌、楊鋭、陳熾、張權等及其弟曾桐，開強學會於京師南城。廿二年丙申，俄皇尼古拉第二即位，勢張甚，欲謀我黑龍江漁業航務，曾植力駁之，折其牙角，俄使爲氣沮。廿九年癸卯，官南昌知府，知民情僞而持以忠恕，事治而民親敬。卅二年簡安徽提學使，赴日本考察學務，彼邦人士來請益者虚往實歸。既返皖視事，新舊咸和。次年署安徽布政使，宣統二年乞退。在皖五年，重治人而尚禮治，政務鉅細，先之勞之。入民國，與僑滬諸老結超社，觴詠遺日。民國四年，任本省通志總纂，有與王國維書云：『擬仿史表例，爲大事表以舉其綱；仿紀事本末，爲大事録以詳其目，近代如湖州史案，浙東義兵之類，非有專篇，不能委備。以古準今，則裘甫、方臘之騷亂，建炎、德祐之播遷，以紀事本末體敘之，亦《國語》《越絕》之遺意也。紹興顯學鉅儒有關一代風氣者，仍集其同氣同聲，門人弟子，彙爲專傳，如竹垞、梨洲，不妨專卷。古器、復齋收藏、書板書棚，可於雜志中分類收入；越窑剡紙，湖筆紹酒，敘諸物産考；畸零無歸者，可歸雜識；海鹽雜劇，亦入雜識。他日單行，或可與《夢溪筆談》相當，不僅《中吴紀聞》也。』十一年壬戌，卒於滬寓，年七十三。遺著尚有《蒙古源流考》《皇元聖武親征録校注》《元經世大典西北輿地考》《法藏一勺》《類帖考》《海日樓詩集·文集》各若干卷。已刊者又有《寐叟題跋集》《嗬于集》《寐叟乙卯稿》《曼陀羅寱詞》若干卷。曾植爲文，如周誥殷盤，佶屈聱牙；詩亦愛艱深，薄平易。夙喜張文昌、玉溪生、《山谷內外集》，而不輕詆前後七子。既友侯官陳衍，衍謂治山谷不如梅宛陵、王廣陵，則治梅、王之作。後與鄭孝胥創詩有『三元』之說，謂開元、元和、元祐也。後又易開元爲元嘉，謂通此始可名家，極其變以歸於正，不主故常，同光派詩人奉爲魁桀。晚年鬻書自給，由南帖入北碑，錯綜變化，幾忘紙筆，心行而已。海內外求書者，戶限爲穿焉。

學部尚書沈公墓志銘

謝鳳孫

先生諱曾植，字子培，又字乙盦、東軒；寐叟，晚年所自號也。浙江嘉興人。曾祖學堦，邑庠生，祖維鐈，工部侍郎，父宗涵，工部員外郎，皆以先生貴，贈光祿大夫。曾祖母陳，祖母顧、虞，母葉、韓，俱贈一品夫人。先生八歲喪父，哀毁如成人。稍長，事母韓太夫人以孝聞。兄弟四人，幼與伯兄子承先生、叔弟子封先生、季弟子林先生友愛，至老益篤。子封先生者，鳳孫壬寅鄉試爲所得士也。先生自大父官京師，遂家焉。大父没，無餘資，父光祿公以候補員外留滯京師，復蚤世，家益貧，無常師。先生昆季少受學於韓太夫人。先生宦學既成，太夫人亦没。先生以孝養不能逮親，遇家祭必泣。至年五十，奉光祿公及韓太夫人柩回里合葬，哀毁同於初喪。至七十則凡子姪輩與夫親好之遠别者，莫不悽然於面，至有垂涕者。先生自少以文學名京師，通籍後，内而郎署，外歷郡守監司權巡撫事，儒宗學府，久爲當世所推。其在刑部，由主事遷郎中，前後十八年。其時兼充總理衙門章京。先生既精今律，復考古律令書，由《大明律》《宋刑統》《唐律》，以上治漢魏律令，著有《漢律輯補》《晉書刑法志補》。而尤究心於通商以來外交沿革。先生在官，實事求是，不苟於職守類如此。先生自幼居京師，周知君國大計。甲午和議成，先生請假英款創辦東三省縱貫鐵道，事在俄國韋特西比利亞鐵路建議之前。恭忠親王、李文忠公韙其議，將合辭奏請，沮於某巨公，識者惜之。丙申之冬，俄勢方張，謀我黑龍江漁業航務，先生獨洞照隱微，力駮其事，俄使爲沮。丁酉遭母憂回籍，至庚子拳匪亂作，兩宮西狩，先生恐東南有變，乃奔走寧鄂，密與劉忠誠、張文襄謀中外互保之策，長江賴以無事。事定而人不知其謀多出於先生。壬寅，始還刑部供職。時外交立專部，奉奏調至外務部，補和會司員外郎。明年，簡江西廣信府，始去京師。其官江西也，巡撫柯公逢時重器先生，大事必咨之。三年之間，由廣信府而南昌府，而督糧道，而鹽巡道，而按察使。未幾，簡安徽提學使以去。歷官多而施政未久，贛人思之至今。明年，署安徽布政使。又明年，護理巡撫。先生之治安徽也，鳳孫實從之學。安徽界吴、楚樞紐，長江上下，地狹而民囂，往來奸宄藪窟於兹，常思竊發，以快其所欲。光緒丁未，既有恩撫軍之變矣，明年戊申之秋，撫軍再易，訛言岌岌，先生以布政使權巡撫事，財兩閱月耳。先生燭幾以理，應詐以誠，奡部猾魁，眾視爲不可犯者，措注談笑之間，乃無不委身聽命，而忠僕良士，翕然有所恃爲依歸。先生撫循折欇，眾心稍稍定矣。代者惎焉，掣亂其事。先生謝撫篆方兼旬，而礮營變作，黑夜攻城，久乃益烈。吏民震駭，自巡撫以下，靡不張皇失措。而先生率僚屬中夜登陴，巡防達旦，獨從容閑暇，若行所無事者。翼日，賊果潰散，城外居民雞犬無驚，城内商旅如故，人以是服先生，事定新撫飾報朝廷，朝廷録靖難功不及先生，先生亦終不自表襮。獨皖之人身受其福而不能自已，則莫不感激驩呼，走而相告，謂今日之事，不糜一餉，不折一矢，敉平大難於幾先者，實皆先生總攬全局，區畫周至，故人樂爲之效，而先生不爲所驚懼也。當此之時，南皮相國張公，内預軍機，而先生寄命江表，天下之士，喁喁嚮慕，相聚而言曰：今日文章、道德、學問、經濟可以爲世法者，北則張公，南則先生。物望所歸，四海兩人而已。張公旋薨於位，先生亦去官。去甫期年，而國破君危，竟至不可收拾如此。自此先生拳拳君國之心，日益深，力益勤，志乃益苦矣。先生之謀復辟也，自辛亥至壬戌没之歲，凡十一年，禱帝籲天，見事有可爲則喜，見事無可爲則哭，精誠所積，觸發循環，蓋十一年如一日也。海内慕先生之風而起者踵相接，奔走勠力，多聚謀於先生。病革時猶强起作書與張忠武公勳，爲皇室謀久遠計，書已而慟不可止，至是先生之病益不支矣。丁巳五月之役，力疾冒暑行數千里，既至京師，召見，授學部尚書，而文章、道德、學問、經濟，親膺褒嘉。然則先生之學，海内士大夫翕然服之，朝廷嘉之，固已至矣。而不意見稱於東西學者之書，尤有加乎是者。德國學者愷士林，曩謁先生，縱談良久，其著述言先生事至悉，至推先生爲中國聖人。東瀛則服從先生者尤夥，至有以先生字名其書者。其没也，東西學者，聞而惜之，同於中國。《詩》所謂『自西自東，自南自北，無思不服』者，豈虚語哉！先生所著，有遼金元三史及西北輿地若干卷，《海日樓詩·文集》若干卷，《曼陀羅寱詞》二卷，劄記若干卷，漸次刊行，以垂永久。先生卒於宣統壬戌十月初三日，享年七十有三。配李夫人，雲南布政使德莪之長女，淵懿善小楷書，終日寫經，後先生五年卒，享年七十有八。先生以癸亥十一月葬於榨葝村祖塋。李夫人以丁卯十月祔，禮也。子男一人頲，三品蔭生，中書科中書。女一人，適浙江巡警道泗州楊士燮之子楊毓琇。孫男二人堮、堅。孫女一人。鳳孫從先生游近二十載，於先生學不能窺見萬一。而先生念愛至深，嗣復以武氏外孫女字吾次男。武氏女生長先生家，李夫人實愛憐之，及期納聘，亦以先生名主之云。銘曰：

納川成海，隱德猶龍。峩峩天柱，疇究始終。夷夏駢羅，異俗同折。偏譯翹儒，欽若聖哲。鑽之仰之，步趨無從。亦狂亦狷，亦隘不恭。扶綱振常，大志未遂。臨命遺書，碧血凝字。忠不間孝，孺慕終身。七十念母，號泣如嬰。砭古箴今，軼前啟後。竊取一二，足以不朽。神歸十地，聲施九有。海內學子，如傷慈母。江海冥滅，山林長往。福蔭後昆，視此吉壤。滮湖之側，長水之旁。千秋萬祀，黍稷馨香。

卷一

論說類

釋易卦反覆相配 上

篤矣夫聖人之憂患於世，神以知來，極天下之賾以存乎卦也。曰『乾坤毁則無以見易』。易不可見，則乾坤或幾於息矣。乾坤者，不息者也。以消息爲用，曷爲而有毁。日往而月來，月往而日來，寒往而暑來，暑往而寒來，十二辟卦之盈虛，其理常，其運行也漸，密移焉而民不知，消息之所以爲十言之教也。今夫事固有非常者，剛反柔，起反止，上反下，見反伏，幾動於愛惡攻取之微，而禍極於天地反覆，谷反陵而岸反谷，龍蛇起陸，聖狂倒錯，擬之而不忍言，議之而莫知其動之所極，反覆之差，蓋簡易之所不能該，人理於是窮，天地之心於是息，而消息亦無可見矣。易之興也，其當殷之末世邪？聖人與民同患之世邪？六十四卦之成列，其極數知來之極致邪？虞氏說之以反類，而劑以旁通。王氏之言曰：『一時之吉，可反而兇；一時之制，可反而用。』卦以反對，而爻亦皆變。魏晉之際有安危利災之心焉。干氏之言曰：『反覆相酬。』孔氏述之曰：『兩兩相耦，非覆則變。』其義以反覆不差者爲變，差者爲覆。嗚呼！六十四卦之中，變者八而覆者五十有六，變之窮猶可通，覆之窮無可通也。嗚呼！雜卦之微旨，李鼎祚則既知之矣。

釋易卦反覆相配　下

虞氏之説反覆也，曰『否泰之成，無不即反就三，反覆道能接乾生乾』。誠知夫反覆之必不可免也。及内貞之未成外悔，洗心而藏密焉。留大壯，夬之有餘，括囊以坤，葆泰三爻於不變，誠令乾乾相接，萬世不敝可也。假天定而人不克違，則六四括囊，六五黄裳，出剝入坤，皆乾爲之。爲而不宰，立大用於消息之外。消息至而復見焉。所謂以坤要終者，所謂參伍以變，錯綜其數，通其變，使民不倦，神而化之，使民宜之者邪？京氏八純之法，五爻變，獨上爻未變，至於此則終剝入坤，形勢已成。苟就剝而反於覆，猶可言也，入乎坤，則反覆不衰之卦，萬古如長夜矣。悲夫！京氏學之不變公子慈護類云：原稿初作『置重』。於上也，其由碩果之義引而申之者乎？游魂於四，孫益庵廣文德謙校云：此『四』字未知有誤否。以歸魂大有觀之，大有爲卦名，疑『四』字。亦當爲卦名。猶虞氏之括囊也。歸魂大有，猶虞氏之接乾生乾也。其所以避入坤，避入反覆不衰之坤，宗旨蓋同。而虞氏就三爲先天，京氏就上爲後天，先後之間，難易懸絶，蓋且有致命遂志，所謂窮理盡性以至於命者，非復知幾其神之神武不殺者矣。宗廟之象，游魂歸魂之辭，豈不悲哉！

小畜說 題原闕，張孟劬太守爾田補。

小畜爲文王居羑里之時。履承小畜，所謂憂患也。謙承大有，有大者不可以盈，猶物畜之當有禮也。復承剝，恒承咸，損益承蹇解，困井承升，原鈔本誤作「因」，依孫校正。巽兌原鈔本闕，依孫校補。承旅，皆中古憂患之切近者也。履和則泰，謙尊則豫，復自知則無妄，恒一故能遯，損辟害，益興利，故能夬，困寡怨，乃能井，井辨義，故能革。至於革，而湯武之事著矣。巽以行權，而説言於兑，周之所以八百過曆也。九卦起於履，履以辨上下，定民志。終於巽，重巽以申命，仁之於父子，義於君臣，禮於賓主，智於賢者，聖人於天道，皆命也，皆重巽所申，亦即履所辨以民志者也。夬革之後，終之以巽，遠矣哉！

論讀明史 手稿原作《與友人論讀史》。孫廣文云：以此爲題，本應入書類。今以論説之文甚少，擬去「與友人」三字。金籛孫太守兆蕃云：似當補「明」字。

《明史》列傳，屢經修改，特爲詳密。其中師友淵源，朝局剝復，始終離合，往往於一傳具之，且有以一傳具一事本末者。若原傑開鄖陽，韓雍平籐峽，胡宗憲之平倭，李成梁之禦插漢朵顔，曲折瞭然，事跡該備，即以作紀事本末可也。類傳流別尤明，觀其目可識其人大概。

朱子作《通鑑綱目》，諸儒競以書法説之。其實朱子爲《綱目》之意，即司馬公爲目録之意，全書浩博，提要鉤玄，有取便觀覽之意焉。自唐以前，有《通鑑》，有《綱目》，繁簡相資，闕一不可。初學循是而後可讀正史。若明事則《欽定綱目三編》事目至詳，注文至備，文省於涑水，而義博於紫陽，學者精熟是書，參以《輯覽》後廿卷，一代大事，瞭如指掌。即從此以觀《明史》《明通鑑》《明紀》之類，雖未肄業，無不可也。若於《三編》《輯覽》尚生疏，則宜先讀二書，再參正史。

凡一史必有一史體例，未諳體例，不獨昧著述之指，即檢閲亦多不便。欽定《明史》，以王儼山《明史稿》爲本，《史稿》凡例，即《明史》凡例之本也，凡二卷，刻在《明史稿》前，此學人不可不讀者。

景泰、天順以前，士大夫沿習宋元學脈，樸者謹繩墨，華者尚文章，臺閣從容，未暇治國聞、論經世也。成化、宏治以後，文學日新。嘉靖以還，鄭端簡、王鳳洲掌故名家，一世士大夫多留意典章制度當世之事。新鄭、江陵出其間，相業爛焉。然萬曆以後，尤多議論二祖手稿原作「太祖成祖」，繼改「二祖」二字，略模糊，原鈔本空格，公手校時，加「明」字，蓋未查手稿故爾。兹仍從手稿。開創之規模不備。科舉之士，薄於史家，又無繇究治亂之大原，講之無本，説之無緒。迄至末造，亭林、南雷之學出，而玉步已移，無救於國家之危敝矣。統列傳二百二十卷觀之，風節著者十之五，事業著者十之二，斯亦尚論者所當留意也。

自東漢以來，士大夫矜持名節，莫盛於明，廉頑立懦，尚友在兹。若其議論之闊疏，則有不容諱者。

綜《名臣奏議》二十卷觀之，抒忠憤者多雄文，言政事者鮮達識，儒效短長不相掩者，概可見矣。

讀《明儒學案》者，不可不讀《明史》，《學案》言其理，《明史》徵其事也。讀《日知録》者，不可不讀《明史》，《明史》如脈證，《日知録》如方藥也。辨傷寒，乃知陷胸承氣之適時；習明事，乃知郡縣生員之爲篤論。凡亭林之説，不可通行後世者，大抵明季切用之論也。王船山《讀通鑑論》，亦宜以此揆之。而以顧、王二家之論衡《明史》，亦可折衷群議而無惑也已。

『明志』十五門，原本諸書，大都尚流傳於世。《會典》《一統志》《曆法全書》《集禮》《諸司職掌》《律集解》，其尤大彰彰者也。諸書大體，志文已挈其綱維，故讀志有得者，它日於此諸書皆可以一披覽而識其條理，此亦以約致博之道也。

讀《天文》《曆志》而後知《數理精蘊》《曆象考成》之淵深，讀《樂志》而後知《律吕正義》之完備，讀《禮志》而後知乾隆大禮之崇閎，讀《刑法志》而後知雍正祥刑之平恕。通乎因革之原，而後列聖垂裕精心，管窺可逮。晉宋有三史之學，宋儒多習《唐書》，掌故名家，取資近代，非特俗變相類，論卑易行已也。

説宛委山

《吴越春秋·越王無余傳》：『禹傷父功不成，循江泝河，盡濟甄淮，乃勞身焦思以行，七年，聞樂不聽，過門不入，冠挂不顧，履遺不躡。功未及成，愁然沉思，乃按《黃帝中經歷》，蓋聖人所記，曰「在於九州（案明刻《吳越春秋》無『州』字。）山東南天柱，名曰宛委，赤帝左闕，其巖之顛，承以文玉，覆以磐石，其書金簡，青玉爲字，編以白銀，皆瑑其文」，禹乃東巡，登衡嶽，血白馬以祭。不幸所求，禹乃登山仰天而嘯，因夢見赤繡衣男子，自稱玄夷蒼水使者，聞帝使文命於斯，故來候之。非厥歲月，將告以期，無爲戲吟，故倚歌覆釜之山，東顧謂禹曰：欲得我山神書者，齋於黃帝巖嶽之下，三月庚子，登山發石，金簡之書存矣。禹退又齋，三月庚子，登宛委山，發金簡之書。按金簡玉字，得通水之理。復返歸嶽乘，四載以行。始於霍山，迴集五嶽，《詩》曰：「信彼南山，惟禹甸之。」遂巡行四瀆，與益、（原鈔本作『黃』，據明刻《吳越春秋》正。）夔共謀，行至名山大澤，召其神而問之云云；益疏而記之，故名曰《山海經》。」按宛委之山，《吳越春秋注》謂在會稽，一名玉笥。蓋自魏晉以來，地志舊說，相沿如此。徐（原鈔本作『一』，誤。《吳越春秋注》爲元徐天祐作。當作『徐』字。）氏所言，固越故也。然此引《黃帝中經》，而《中經》明言東南天柱，名曰宛委。天柱在灊不在越，則《中經》所謂宛委者，亦必灊山非越山矣。禹求書於衡山，神人授書於巖嶽之下，得書則反嶽，治水則始於霍山。明此天柱在衡霍山內，而宛委即灊山天柱，皖人乃自古無知之者。余謂灊有宛委，越亦有宛委，越有塗山，淮亦有塗山，皆夏后子孫，隨其國土，述祖烈而名之者也。

書類

揚州與南皮制軍書

自注云：『辛丑春在揚州』。

漢皋艦發，四望眷然，深維鈞座淵懷，其於消息盈虛之理，剛柔摩蕩之情，誠有縱萬年、橫九畡，造耑未伸，悉數難罄者。匆匆拜辭，退而自思，良悔未窮淵旨。雖然，先識者道之華，曲突徙薪，迂而無當事變，在隔二隔三之後，則豫計者亦不必汲汲焉以取求時求夜之譏。《易》貴當時，《春秋》因行事。至言之出，後於俗言。事理宜然，固不妨待叩於異日也。惟是中朝宗旨，實以江鄂爲南鍼，江鄂之言不必盡行，而江鄂奏入之後，大局未必不從兹而定。近世人心慮淺短，呼號企望，只延頸於詔書一紙，曾無有計及於詔下後奉行措注之若何，隱心言之。叚令中朝盡采嘉謨，天下果一揮而定乎？叚令用其言而失其旨，一切以操切暴慢發之，天下事得無猶有當長慮而卻顧者乎？叚令擇用者盡失緩急後先之敍，開塞操縱之宜，將實力奉行乎？抑敷衍從事乎？《革》之卦辭，四德備不能無悔，必已日乃孚之後，革而當，其悔乃亡。《鼎》元亨，柔進而上行，而我仇有疾，著戒辭焉。取新順而去故逆，夫是以革之道，止於悔亡，至於鼎，而後可言大亨之吉也。中外所屬目皆在公，儒墨名法九流百族所屬目亦在公。夫挾私意而廢吾言，政府之責也。夫用吾言以號令於天下，而以淺見私意顛倒之，事成尸其功，事不利彼不任其罪，此則近代政府所優爲，抑不可不慮其後矣。犯天下之謗，其事在一身；啟天下之爭，其事關數世。尸祝不能越尊俎而代庖丁，抑相訾有道，扶醉人者，不獨掖諸東，亦且掖諸西，玉人受教，而斫玉爲圭爲璧，主人之教也。方圓尺寸，渠邸射曰：吾皆將受教諸主人，不敢少參己意。玉必毀而天下之譏議將不在主人而在玉人矣。莊氏言竅要，荀氏言節奏，而望溪之説《周禮》也，深致意於空曲交會之中。所謂空曲交會者，平心論之，豈必待瑰意琦行，危言激論，而後有益當世哉。陰陽相生，奇正相成，老生常談，卑無高論，而有可應無窮之變，濟非常之原者。陰陽相生，奇正相成，理固然也。某有美芹之説四焉，敢以陳諸左右。一曰：通志意。將相不和士不附，帥乘不和戰無功。世變至斯，謂當事者無求全厭亂之意，蓋非人情。然而意見猶未盡融，習氣猶未盡湔者，何哉？內外之情意不通，相資者反爲相軋也。近日內外之相商以電，同治舊事則以函。電簡而函詳，電直而函婉，電迫而函舒，電質而函文。夫尋常例行公事，尚有待反復指陳者，況新政之變動不居，情形百變者乎？先事當豫籌，既事當補救，奏牘有所不盡，公文有所難言，凡皆宜以函啟達之，略如宋人告廟堂以劄子之意。必疆吏先示恪慎之風，而後可望柄臣以虛和之度，事有甚細而不可忽者，三寸之轄，以制千里，此類是也。其二曰：議奉行。新政在內有專司，在外亦宜有專局。立法之初，庶端並起，僚屬之諮詢，士民之陳訴，事或可行而中沮，機或屢變而無方，獨斷者勞而鮮功，博訪者繁而無統，謂宜仿牙釐善後之例，專設一局，選僚吏通知中外者，明達事理者，資望深重者，咸使入焉。而所有新政詔書，或詔書未及，而事當舉辦者，皆責之令評議，令檢會以成事。徵之詔書，未必皆實行。奉詔書而設立局所者，無不實行。督責之虛文，誠不如局所之實際。創一局而全局皆定，何憚而不爲，此又極平易極變通之一術也。三曰：議章程。由議法言之，則有治人而後有治法；由奉法言之，則有治法而後有治人。喪亂頻仍，朝野焦然，雖彼昏庸惰慢之人，亦孰不樂於改圖以自效，顧欲從末由耳。不授以章程，而責之行事，抑已過矣。有紀律則懦卒皆可爲精兵，有章程則庸才皆可爲能吏。既設專局，即議章程。凡有應行新政，先令局員搜訪東西各國章程，以博爲量，以考異同，酌民俗爲功，折衷簡要，爲試辦章程，徐而加精密焉，徐而加推廣焉，事無大小，愈細瑣愈當求其條理，愈當備其章程。訴新政不便及因新政而生異議者，不可愁置，但修改章程以應之，而決不搖我宗旨。如此然後人望可饜，人心亦可定也。四曰：劑名實。與人以實者不必倍稱以名，奪人之名者不可盡除其實。勇變政者，才士也。憚變法者，不可謂非國家服教畏神奉公守法之良士也。新政究非王道，異趣者又不可曰邪人。朝爲健吏，暮作庸材。昔之勝流，今成廢物。所進者之言行，又不必能饜人心，勝前人。怨謗原鈔『謗』下尚有『議』字。孫校云：怨謗議三字，或作怨謗，或作謗議，今似多一字。茲從前說於義爲當。繁興，勢有必致。翕翕訿訿，安所極乎？此意一時未可能渠達於朝廷，不得已而思調劑之，莫若仍守差遣員缺之常。以差遣任新人，以員缺安舊人。新者有顯崇之實，舊者不必靳其廉退之名，但使一切皆有章程，彼舊者何必不樂奉周旋。況地方公事，固不能不循舊日禮律乎？如爲預計之言，則他日積重所趨，如歐洲各國，如日本，勢不至盡變要職爲局所，不止新人後望方長，何必壟斷以啟天下之爭乎？以上所言，固近代疆臣所習行之事，抑亦即公所常用，或且唾棄而不屑爲者。發此論於開物成務之時，陳義可爲猥下。然天下非常之業，事運以常則事行。至動之機，根養於靜而根固。兼不易變易兩義，而後《易》之用備。得中庸，具減進，而後禮之體全。方今天下洶洶，平陂往復，豈盡庸愚陋劣之爲害哉？士大夫躁動無常，爭名爭權之機械，十百倍於爭利。黨論之禍，人所見也。尚有伏而未見者，履霜冰至，遠想慢然。請即變法言之。西人之來，言變法久矣。論其便而諱其敗，言其善而蔽其患，策士代謀，從古已然。夫歐洲改革，起自十八周以來，始焉爲宗教之改革，繼焉爲政治之改革，其改革之利鈍成敗不一，其在於今，各國文化之昌，富強之進，誠倜乎不可及矣。然英法有革命之變，德有政黨教黨之爭，南北花旗，禁奴成戰。溯其改革之初，安居樂業之民，無端而張脈僨興，肝腦塗地，蓋不知凡幾。幸彼數大國，無彊敵覬覦其側，維新者得以屢蹶屢起，僅而集事耳。其不幸者，若波蘭之政黨分爭，若埃及之上下乖戾，以變法而覆亡，固亦非無其事矣。獨俄彼得藉戰功之偉，以用其君主之權，日本以將相之和，盡其臣民之用，是變法之最有效者。然日本於西法，講求委曲於國俗，劑量分寸，其心思之微密，决非吾人之淺嘗暴發者所可同日而言。俄以變法不和，彼得時内訌再三，大臣戮死者數百人，禍及於其后、其太子。蓋犯亡國之戒者若干，幸而不亡，尤非吾今日所能比也。夫誠平心探討於歐洲十八周來政治文明之史，博考其君臣言行，黨派異同，奭然有動於人心，不得已而變法，方將憂危惕厲之不遑，惻怛哀矜之不暇，湛思遠慮，不獨發其端，且圖善其後，又何頑固之介我胸臆，闒宂之當我譏評乎？況乎新政改革，政令必日繁，民生必日促，風俗必日薄，道德文學必日荒，外人之勢且日尊，國家之根本且日摵。弱國貧國之勢固然，彼日本已著成功，猶念念不忘於此，吾可以漠然無念乎？鈞座所當之位，誠限於分而有不能爲，然天下大事，不外政學兩涂。以政言，則公所舉措，各省撫視爲步趨；以學言，則公所舉揚，天下人準爲圭臬。物情事勢，積望已成。率天下以言者在政府，率天下以行者在公。言及於斯，蓋有爲公慮而不敢爲公喜者矣。自今以後，願公以變政之利益，開導恒人，以變政之禍亂，提撕同志。保國民之秩序，而後堂高廉遠，可以保君權；存歷史之性情，而後林茂淵深，可以存國教。以實事改之，與以空言爭之，勢相百，效相萬也。某倡言變法，遠在甲申乙酉以前，在戊戌被排以黄老之譏，在庚子見絀以儒書之誚，顧其愚固逝不可回，而亦自念冗散不材，終不足有補於世，但冀世事粗安，得自放於寂寞寬閑之地，風流歇絶，自公外，無復可與斯言。不勝憤悱，聊干鈞聽。某頓首。

與南皮制軍書

江南擬稿，縱意妄言，不謂新寧遂以馳閲，雷門布鼓，聞之汗顔。腐朽陳言，誠不足當坐上諸君一笑，乃某慺慺之忱，固有不能自已於言者。世變至今日亟矣，體大者不可以狷懷理，事遠者不可以快論攖。中西之法雖殊，所以行法者，知及仁守，莊涖禮動，縱千古，横四海，無異理也。以禮義誠恪之心行新政，新政，仁政也；以憤時嫉俗之心行新政，新政虐政而已矣。戊戌之敗，本原在此。

以今日國勢言之，譬之病後，形神尫瘠，而又欲治其癰疽。癰疽不免刺割，不免痛楚，固也。華醫之良者曰：大痛傷元氣。西醫之良者曰：痛劇者致死。當原鈔本作『常』依孫校正。預講止痛之方，而後得盡其刺割之術。市井拙工之言曰：不忍痛，何能治病者。貿然以毒劑腐藥進，則病未愈而宛轉號叫以斃者，不知凡幾矣。宮府積弊，官吏積習，大癰疽也。變法，大刺割也。事失故業，官失定位，舊德亡，先疇改，隱心以言之，不得謂非天下一大痛楚也。故嘗謂開新與守舊，二説不必並提，興利與除弊，兩事不可並進。新既開，不憂舊不去；利既興，不憂弊不除。此事理之自然。若嚣嚣然日以詬誶之聲聞天下，人匿其情，而爭心並起，則無一事可行，行而可成者矣。以開新爲樂者，文明之象也；以除弊爲快者，野蠻之習也。彼赫德，駔儈才耳，於關稅，於郵政，尚能規模素定，相人情之緩急，而次第施之，終以集事。常關之習未盡除，信局之舊不盡去，何害於關稅之日增，郵政之日擴乎？夫彼固習於西法者，而其行法之從容如此。然則言西法而必以操切之論濟之者，得無知有法而不知所以爲法者乎？愚管之見，大抵如此，誠不敢自以爲當，謹就正於有道之前。孝章以條約爲譬，謂此時宜粗舉大綱，奉俞而後陳細目，亦揣摩有得之言。此非帝德王道之敷陳，事求可，功求成，則審機審勢，慮亦葛相晉公所不廢者也。久未侍談，因舍弟趨前，輒妄發，又累數紙，惶悚惶悚！

與陶制軍書

案：陶制軍爲陶模。光緒二十六年庚子閏八月任兩廣總督，至二十八年壬寅五月開缺。此書二十七年辛丑作，時公年五十二歲。

鵠磯邂逅，暢領教言。違侍積年，示從容案：上下似有脱誤。而後謝公山澤之儀，晏子衣冠之節，清修雅思，目擊道存。私幸獲益良多，而迂鄙陳言，雷門布鼓，略無厭棄，俾盡厥辭，尤此世所難期。山海宏襟，所以爲蒼生托命者，宜在此矣。獻歲以來，敬維道履延和，崇祺集福爲頌。粤東地大物博，以各省情形較次，古嘗有北府兵可用酒可飲之言，然其物産人情，開化程度，比之西北，頗復不同。昔之名臣如孔李，今之善政如南皮，學術不同，同歸於治。乃若當盤根錯節之時，運攬轡澄清之略，理財於竭澤之餘，靖亂於伏戎之隱。懸思模略，慮亦賢勞。側想嘉猷，良深馳企。南中溼熱，道體起居。新政復奏必有鴻文，爲與江鄂合奏乎？抑單銜奏乎？政府至於今不能無作新之舉，而決無擇善之長。孝章建聯軍之策，固是洞達世情者，設議政大臣一節，尤爲扼要。戊戌議政之權在小臣，故事雜而言厖，利未行而害已先至。苟議政之權在大臣，則同治以來，兵政財政製造商局諸事，創行變格之舉多，曷嘗有譌言繁興，物情駭異者乎？今之從政，誠無足當此艱鉅者。然當立法以待人，不可因人而廢法。苟主茲事者，休休有容，一切商各省撫督而行，略如同治朝政體，亦可以徐爲布置，七年病蓄三年艾矣。聞行在已設一督催所，以孫慕韓輩任之，屬於軍機。此則評議仍在小臣，督催之名尤無謂，不得不思所以廣大其規模也。某自送別後，患冬溫者月餘，臘初始愈，遂還揚州。新春孝章約作滬游，新寧又約至金陵相見，爲擬一覆奏底，其目凡十：曰設議政，開書館，興學堂，廣課吏，設外部，講武學，删則例，重州縣，設警察，整科舉。稿凡八九千字，不能盡録，謹録首尾，呈教左右。世之言學堂者，必廢科舉。某獨以爲學堂科舉不相雜而後可相安，新政者，將以求政道之開明，非以快人心之悁忿也。先布新而後除舊者人情安，先除舊而後布新者人心危。既有革故鼎新之事者，不可復快我憤時嫉俗之言。無好人三字，非有德者之言也。無人材三字，非政治家之言也。今者國家形勢，譬之元氣，尫竭之久，復重以發背石疽之病，刀鍼固所不免也，然使徐氏黄氏治之，必先以陽和大劑，托裏建中，氣血和通，而後徐施其刺割，化腐禁蝕，藥止痛有良方，癰疽去而元氣亦和，固有病後強健勝未病時者。拙工之言曰：求去病，當忍痛苦。一切不問，概以刀鍼從事，病不愈而命先盡者，抑已多矣。西人醫病以剖割，然不肯令病者受痛。其行政主制裁，然不欲令民衆不安。彼其道乃有合於吾華老莊之言，蓋閲歷而得之，東海西海，推之皆準。若一往爽辣之言，則東西皆無此事也。世知剛、康之行事爲反對，而不知剛、康之立志爲同原。剛之末流入於拳，康之末流入於票。無惑也，彼二人議論，嘗與官吏爲仇，凡匪皆仇官，則固有水流溼，火就燥之相會者矣。海上談風，大都此輩。近且倒灌京師，切齒之談，不平之氣，托於忠憤，滋啟殺機，某竊奭然憂之。新政固平生延頸而望者，顧一誤豈堪再誤。江上所逢，論多不合。永思長慮，類於見卵而求時夜者，未知其爲愚癡乎？智覺乎？中夜不眠，輒書以就教於鈞坐，惟達者有以誨之，幸甚！

與金潛廬太守論詩書

案：金甸丞，名蓉鏡，嘉興人。出公門下。有《滮湖遺老詩》四卷。即以此函代序。惟『自有解脫月在』一句，誤刊作『自有解脫自在』。函中提及蓉鏡和公《自壽詩》『佛法』二句，和詩爲民國七年戊午，知書作於同一年。

來教披讀兩次。公出與社會周旋，歸與古人稽，孜孜不倦如此，真健者也。見和拙句，理解精深，未免稍有喫力處，得非真俗空有理事之際，尚有融之不盡者耶？佛法兩句，過譽何敢當。胸中磊塊，正苦消除不盡，恐往生時，品轉在村嫗下耳。君親報答，卻是助道品，亦即淨行真如，雖著跡，無障礙也。《樟亭記》太無力，公詩太有力。馬君詩雖未見，想有簡雅風致。吾嘗謂詩有元祐、元和、元嘉三關。公於前二關均已通過，但著意通第三關，自有解脫月在。元嘉關如何通法？但將右軍《蘭亭詩》與康樂山水詩打拼一氣讀。劉彥和言：『莊老告退，而山水方滋。』意存軒輊，此二語便墮齊梁人身份。須知以來書意、筆、色三語判之，山水即是色，莊老即是意。色即是境，意即是智。色即是事，意即是理，筆則空、假、中三諦之中，亦即徧計、依他、圓成三性之圓成實性也。康樂總山水莊老之大成，開其先支道林。此祕密平生未嘗爲人道，爲公激發，不覺忍俊不禁。勿爲外人道，又添多少公案也。尤須時時玩味《論語皇疏》，自注：與紫陽注止是時代之異耳。乃能運用康樂，乃亦能運用顔光祿。記癸丑年同人修禊賦詩，鄙出五古一章，樊山五體投地，謂此真晉宋詩，湘綺畢生何曾夢見。雖謬讚，卻愜鄙懷。其實止用《皇疏》『川上』章義，引而申之。湘綺雖語妙天下，湘中選體，鏤金錯采，玄理固無人能會得此些子也。其實兩晉玄言，兩宋理學，看得牛皮穿時，亦祗是時節因緣之異，名文身句之異，世間法異，以出世法觀之，良無一無異也。以色而言，亦不能無抉擇，奈何！不用唐後書，何嘗非一法門，自注：觀《劉後村集》可反證。無如目前境事，無唐以前人智理名句運用之，打發不開，真與俗不融，理與事相隔，遂被人稱僞體。其實非僞，祗是呆六朝，非活六朝耳。凡諸學古不成者，諸病皆可以呆字統之。在今日，學人當尋杜韓樹骨之本，當盡心於康樂光祿二家。自注：所謂字重光堅者。康樂善用《易》，光祿長於《詩》。自注：兼經緯。經訓菑畬，才大者儘容耨獲。韓子因文見道，詩獨不可爲見道因乎？自注：歐公文有得於《詩》。鄙詩蚤涉義山、介甫、山谷，以及韓門，終不免流連感悵。其感人在此，障道亦在此。《楞嚴》言：『純想即飛，純情即墮。』鄙人想雖不乏，情故難忘。橘農嘗箴我纏綿往事，誠藥石言。『宏雅有治才，浮侈多薄行。』見道之言，即此是已。謝傳『遠猷辰告』，固是廊廟徽言，車騎『楊柳依依』，何嘗非師貞深語。近嘗引此旨序止庵詩，異時當録副奉教。闇伯先生閣下。九月初四日，寐叟上。

與張少軒 牘尾署『九月十七日』。審書意，當在己未前後。張少軒，張勳也。

睽侍以來，裘葛再更，歲月不居，撫心何已。沙中偶語，時有傳聞，不敢遽信，不能無望也。天機絕續，繫在臺端。即日敬維鼎祉凝庥，師貞林吉。鄙人海濱戢影，衰病纏身，自斷此生，固已上負國恩，下慙義士。唪經密祝，忽發愚誠，竊思昭代開基，佛教實爲國本，滿珠瑞號，冥協文殊，九敂隆禮，等同大梵。聖聖相承，以人王兼法王之統，以此綏和中夏，以此宏被萬方。華梵二藏，殿板流布。太平盛業，紀周三甲。乾嘉以後，風俗澆漓。象教既衰，莠民乃作。布金造塔之日稀，斬木揭竿之日盛。革群激黨，政客學徒，並起爭心，熾爲殺氣，永言末劫，良切大悲。茲寧滬研究會同人發願推廣刻經處事，募刻『全藏』善緣。集中外罕傳之祕本，作古今未備之宏規。下濟含靈，上綿寶祚，冀以慈悲之法雨，湔除魔外之兇災。念眾生共業，既積造于三世三生，則大願同仁，不可限以一方一邑。人賦一錢以造象，具有傳聞；身施百萬以檀那，非無經證。宏大法，顯謨也。保國家，忠悃也。濟眾生，仁恩也。銷魔難，正願也。公之偉望，海內具瞻。諒當有契于淵衷，延望主持，增茲福聚。近者《道藏》全書，傅沅叔一力成之。佛教之感人心，深于道教，以彼例此，知有願者必有成也。其詳具周少猷君口述。輒以悃愊，上瀆威嚴。一是統希亮照不莊。弟某頓首。

答王靜安徵君書

公任浙江通志局總纂在甲寅，聘徵君任分纂則在己未，見趙萬里《徵君年譜》。年譜云：『九月二十三日，送聘約至，與張孟劬先生共任寓賢、掌故、雜記、仙釋、封爵五門撰述。』書當作於是年冬季。別鈔本牘尾署十一月廿七日。

接奉手書，瞚經再月。屢思作覆，畏難中止。病夫心理不完，大哲學家必能懸照也。晨起神思略清，覆讀來書一過，粗略作答，幸希教示。舊志於前朝事實，誠多疏略，然如地理人物，補遺則易，經政各門，補遺則難。先事圖維，苦無善法。不知公意若何？姑舉一事言之，如『南齊陸慧曉傳』

中，有論西陵牛埭稅一事，此於六朝賦稅，東州彫攰，具有關係。然其沿革，頗不易言，其等比又不能具述。廑録舊文，而無所闡發，亦不足厭閱者之心。諒公部署，必有精思，儻可先示數紙否？若山川諸門，宋元舊志，自可據所見者儘量補之。有徵則詳，無徵蓋闕。著之簡耑，標爲義例，無不可也。如慮卷帙太繁，則去其與『明志』同者。更張太甚，似無此慮。列舉六事，所謂讀一省之志，不可不知一省之事者。此固讀書之士，心所同然。常氏《華陽》，早開茲例。粵西前事，見許通人。第猶病其兵事偏詳，他端未稱。今擬仿史表例，爲大事表以舉其綱，仿紀事本末，爲大事録以詳其目。自注：此間分撰國朝大事表。前事表尚無擔任者。近代事如浙東義兵、湖州史案之類，前人紀載，事蹟綦詳，非有專篇，不能委備。以古準今，則裘甫、方臘之騷亂，建炎、德祐之播遷，皆以紀事本末體敘之，亦《國語》《越紐》之遺意也。原注：以上月初書。學術源流，非一篇所能該舉，儒林、文苑、理學諸傳，或敍於前，或論於後，皆足以闡宗述緒，索隱表微。其顯學鉅儒，寔有關於一代風氣者，仍集其同氣同聲門人弟子彙爲專傳，其傳體仿竹汀先生所爲學傳例，鋪陳學術，不厭加詳。原注：如相如、子雲例。案別鈔本『詳』下有『如』字，蓋節注文，誤以『如』字入正文也。竹垞、梨洲，雖專卷不妨。至如紹興古器，復齋收藏，書板書棚，儘可於雜識中分類收之。越窐剡紙，湖筆紹酒，則敍諸物產考敍之中。其畸零無歸者，仍可歸諸雜識。竊意如此等比，吾公心得最多，現在儘可著手爲雜識，將來物產考敍原注：仍煩大筆。案別鈔此四字作正文。稍加增損，即可入書。公意以爲何如？風俗別四禮、節物爲兩事，前後書之。原注：影響於釋道，附後類。火葬其一也。其特別情形，古事如喫菜事魔，近事金錢會匪之類，別以專篇。原注：

在古爲考，在今爲記。不可以少數奸民，遽誣全邑。海鹽戲劇，似亦入雜識，始得發揮盡致。吾意此雜識成，他日乃可單行，程度或與《夢溪筆談》相當，不僅《中吴紀聞》而已。大雅君子，亦有樂於此乎？昨復奉後書，稽慢罪甚。努力書此，殊不盡意，惟盼覆教。幸甚！

序類

漸西村人安般簃詩序

文集定本，公手署此題作漸西山人。金兆蕃校云：漸西似自署村人。金說是也。《清史稿·袁昶傳》謂昶有《漸西村叢刻》。陳衍《近代詩鈔》袁昶小傳云有《漸西邨人集》。今檢《漸西村舍叢刻甲集》，有《漸西村人初集十三卷》《安般簃詩續鈔十卷》，公蓋一時筆誤。又案此文作於壬辰仲春，光緒十八年也。

《易》有之：『「書不盡意，言不盡意。」然則聖人之意，其不可見乎？』天有十日，人有九品，自非太上，孰得忘言？言而不通，將求其類。類情宛轉，辨采滋彰。心不謂而彌忘，幾且通而還塞。若夫久竹青甯之對，須彌芥子之談。東京耿介，遯方術之駢枝。齊魯儒書，起神仙之迂誕，自非識窮始素，思盡玄黃，玄同道情，該練俗變，蕉萃專篤，思理不渝者，則亦孰足與察比興之淵藪，較有無之極致矣。漸西无名人，法无孤起，境觸方生，佇興而作，詩若干卷，續若干卷。觀其比物連類，餐潔茹芳，騷人蟬蛻之心也；迴視收思，文集定本作『殭視收思』，此從《安般簃詩集》刻本序文。樂不忘本，小雅明發之懿也。爰及夫交游贈答，存没哀思，儒林講肆，副墨洛誦之所攬蔓；閶闔閬風，馬歌鷺鐃之所蘊藉。汎而後應，其出不訴。則又九流之散，言出賦家。賈誼升堂，相如入室，所相與嚌擩道真，箾勺物沴，揖讓登降，禮樂以俟者也。行春花藥，言寓思於哀駘；舉目山河，獨撫膺於逝者。朱干玉戚，則端冕以舞；清商激楚，則絶絃可知。君之於此，幾所謂持其性情，不令暴失者乎？莊生有言：況乎昆弟親戚之謦欬於其側。夫昆弟親戚者，其聲可識知，其端不可思。三復斯編，庶幾脫落陶謝之枝梧，含咀風騷之推激。余乃於是撟首抑容，佁儗怫愲，棼不可理，廢然以止者已。

岑襄勤公奏議序

以公手稿字跡推之，蓋四十歲前後作。

岑襄勤公奏議十□卷，起同治□年，盡光緒□年，自代理受任滇事，勘夷大難，耆定壃場，公子春蓂所手輯，梁太史節庵理董之，首尾賅備，文字是正，章刊句覈，可傳於世。奏議之著録，史家尚矣。《秦奏事》二十篇，《别録》入《春秋》□，孫云：疑是『家』字。而應劭傳漢代律令，奏事議駁，坿於□□。孫云：當是『刑法』二字。魏、晉以來，大都入之故事，與詔誥同編。所以經緯國聞，綜貫典章事要，原始要終，非若文賦詩章集録，僅以達一人之志事而已。而文字所存，神明流露，則夫英謀偉度，與民憂樂，與勤勞奉國之精神，逌然與簡牘俱存，迥出於文字之表，常令人讀之，有所云云，藉以見言外法外之意。陳承祚傳諸葛武侯事跡既備，復論次其文，具目録於篇末，以彰其志。彼其書事記言，號爲良史，盡事情而用意如此。豈不以聞見誦說不一端，旁觀之言，不若當局自言之可信哉！襄勤公拔跡諸生，將閭里子弟，從軍入滇，轉側危區，孤軍自固。是時滇事既大壞，中原路沮，朝廷威令不可行，回漢讐釁，嶅不可治。箐洞渠酋，塢壁豪猾，桀立角逞，紛然競權。守土之吏，計無所出，矢一死以達志而已。公屹立其間，勇智懾人心，忠義張士氣，積微成著，績效寖彰。癸亥省垣之閧，揞危遏亂，才望顯見於當時，然猶以受任未專，未得展布力用也。及膺□□□□孫云：當爲『巡撫雲南』四字。之命，申號令，壹事權，審堅瑕，策先後，斷以先東後西爲定，旌麾所指，應手奔摧，剗程注的，蹂勁膊悍，鏖鉅豪，殲巨憝，五六年間，全滇數千里，噎舒日昭，煥爲王土。世以公治軍貧弱之邦，兵未嘗假湘蜀，饟未嘗勞樞部，躬操劍楯，率先士伍，偉其戰略，出没鬼神。今得攬奏議之全觀之，代理布政使以前，事蹟不可詳。自授巡撫以還，諸所陳奏，大都規模闊達而不疏，指畫詳明而不瓅，履危疑震撼而不驚，處勝捷而不汰。推心豪俊，將無所疑，芟鋤強梗，命無所貸。其言明清，其於事理平近而周洽，其文采不華，而條貫樞機，淵淵乎稱其公誠之衷，機敏之度焉。國家至道、咸之際，文法積弊，禍亂迭生。顯皇洞矚治原，廓然紬臺省而外委重於壃吏。中興之始，虔恪遺謀，寬簡以與民，疏通以任吏，人人有以自效於當時，而宏達魁偉之異材，遂因時艱險，而與時俱出。如公之用兵任將，察吏安民，據亂以圖功，立強於積弱，豈非古之豪傑陶桓公、韋南康之流者哉！抑非值文法寬簡之時，公雖奇知殊能，掣曳旁皇，方略何由施，志氣何所騁。余觀公前後奏章，成功以前其詞質，成功以後其詞文，未嘗不喟然興念於文言以與消長也。原鈔『也』下有『已』字，茲依孫校刪。法越之役，余在粵，與公兵事有聯，供器用，濟軍儲，滇粵若一家，文牘若□□手稿塗改不可識，似『謦欬』二字。而語。公意氣偉，志吞彊敵，叚令武功克究，移公所以治滇者治越，其豐猷駿烈當如何。

天定勝人，南交淪棄，披閲越事諸奏，又余所痛心不能竟卷者已。『法越之役』以下八十七字，據公手箴補入。此下尚有『公年譜神道碑銘及請建祠諸奏牘敍述公行事。然余觀公之爲人，語所言固有不能盡。昔司馬溫公脩《通》於李絳相業，取諸事集』五十字，當是隨筆所書，不能入正文，兹刪去。又金校云：按箴補諸語，此序乃代人作者，題下應明著代字。

苻婁庭漫稿敍

光緒己亥，旅寓鄂州，南皮公館余城南之姚園。樹石蒼潤，庭宇軒豁，筆牀茶竈，不移而具。小園可賦於子山，草堂不殊於錦里。安居飽食，文質靡底，吁可愧也！園多盆花，皆顛本孫校謂應作『木』，公手稿亦作『本』，仍之。之由蘖者，一本作『皆老本而挺新蘖』，蓋依初稿。此從改定。磦砢輪囷，若磐，若礐，若獸蹲，若雲卧，或百年，或五六十年，其壽不可知，然皆婆娑恠偉。燕吴語謂之椿，楚語原鈔本『語』上有『之』字，依手稿本刪。曰兜，皆俗字。椿者，株字音轉，東侯，陽聲陰聲對轉也。兜亦株字音轉，舌頭舌上隔標也。《山海經》：『三株樹，其爲樹如柏，葉皆爲株』。案《海外南經》原文作『三珠樹，在厭火北，生赤水上，其爲樹如柏，葉皆爲珠』。《列子·黄帝篇》：『若株駒。』《釋文》：『株駒，枯樹木根也。』枯木而有葉如柏，其爲由蘖復生也審矣。《詩》：『譬彼壞木，疾用無枝。』《毛傳》：『壞，瘣也。』《爾雅》：『瘣木苻婁。』郭注：『謂木病尪傴癭腫，無枝條。』又云：『枹，遒木魁瘣。』郭注：『根枝節目，盤結磈磊。』今驗衆株之形，實如郭後注所稱『根枝節目，盤結磈磊』，而非『無枝條』者，但枝條不暢茂耳。郭前注就《詩》義，《詩》言『無枝』，取略意也。瘣木理無枝，不必絕無一枝也。察衆株枝多接成，天生者僅半之，則人力所成，補𪓿息劓，又不可以一端盡矣。魁之爲言，較椿兜語尤肖，侔稱盡意。余尪羸積年，有同玄宴感盧升之《病木賦》意，乃名其園曰株園，室曰苻婁庭。偃息安般，消寒視蔭，偶有所感，輒綴數言，以居命之，爲《苻婁庭漫稿》。

重刊巡城瑣記敍

武亦重大令爲余購書於市十餘冊，此卷在焉。顧未悉匪莪先生生平駛歷。間以詢孟符太守，孟符肅然曰：吾先祖所著書也，板佚久矣。乃乞歸，以屬官書局重鋟諸木，不數月，書成，示余樣本。善夫太守之篤於述德，敏於事也。近代掌故書絕難得，此書所録記，多有沿晚明舊制，與今時五城典職不同，可備沿革考證者。巡城差今爲雄劇，當時謂之小差，刑部提牢，徵幫費於總甲，又若京城房稅事，皆諸司職掌，佚聞也。先生知新建縣，事在康熙三十四年乙亥，行取入都。見《新建志表》，作此書癸未甲申，相去蓋十年。光緒乙巳三月，沈曾植識。編案：序中所稱孟符，乃李嶽瑞之字，陝西咸陽人。

南朝寺考序

《釋迦氏譜》云：諸王見佛，泲沙最初。僧伽藍者，竹林最初。竹林園在王舍城中，於後乃在舍衛國有祇洹精舍，在波羅奈城有鹿野精舍，在毗舍離有菴摩羅園。薄伽梵住世八十年，行化數十國，所至説法，雲興海會，伽藍施獻，祇此四緣。而阿育暴王，一日之間，遍閻浮提八萬四千塔皆成就，將人王之力，捷於法王，鬼神之助，優於善信耶？或者時當正法，光接白毫；三際十方，親登法解，華嚴則會普光殿，大集則入大寶坊，海濱直上楞伽，丈室坐觀妙喜。將感通神理者，興福爲有待之煩；受持句偈者，莊嚴且成而非有也。十八部興，諸師異見。上坐法藏部説於窣堵坡興供養業獲大果報義，而化地部非之。大衆制多山，三部亦非之。自尊者世友，不能決定，而後人競傳達摩片言，騰譏梁武，不已僿乎！大法東流，自涼州而入長安，以及江左。王侯士庶，競尚福田。東晉偏安一百四載，立寺乃一千七百六十有八，可謂侈盛。而金陵寺數，方志無文。自宋迄梁，代有增加。梁世合寺二千八百四十六，而都下乃有七百餘寺。陳承梁亂，戎事不遑。五主相承，修營故寺，末年都計寺有一千二百三十二，國家新寺一十七，百官造者六十八，郭内大寺三百餘，比於梁氏，耗矣。而治故之功，倍於新造，記稱表塔相望，經像殫富。然則唐人所謂南朝四百八十寺者，其梁陳之際，舉略數邪？隋《衆經目録》有《塔寺記》十一卷，次僧祐後，不書撰人。而《隋書·經籍志》有《京師塔寺記》十卷、《録》一卷，劉璆撰。《大唐内典録》有梁外兵郎劉璆奉勅撰《揚都寺記》十卷，卷數符會，疑本作『故』。是一書。《經籍志》尚有釋曇景撰《京師寺塔記》二卷，《唐·經籍志》有清澈《金陵寺塔記》三十六卷，頗疑四百八十之數，在此數書中。自《開元録》除去不收，諸書遂亡。並不若北魏伽藍，洛陽五百，猶有衒之一記，存其梗概，詎不惜哉！蕙石參議，生爲慧種，宿植淨因，久居揚都，追尋勝跡。取上元孫氏所爲《金陵六朝古寺考》，重加審諦，博采唐、宋以來諸家地理書，條補事證，理而董之，成書六卷，曰《南朝寺考》，甚博而有要，南朝鉅刹，炳炳可指矣。余尤欣其所謂紀六朝之舊刹，著高僧之軼事者，裒輯大意，懸契古賢。昔道安洄溯於僧伽，圖調諏咨於曠野。法顯所行，則撲象犓射，浴室寶階，行處，坐處，成道處，轉法輪處，伏外道處，自忉利天下處，衆祐塔園，靡不疏記，以爲經證；辨機之記，則北敂馬鳴之室，南尋龍樹之庭，自脅尊、世友、無著、天親以迄清辨、德光，因彼所棲，章其義解，傳書紀代，用表論師。原夫聖逝蹟留，固亦地爲人重。況夫六代名僧，師資特重，諸經義疏所稱開善、莊嚴、冶城、攝嶺、興皇、龍光、靈根、光宅，一時顯學，並以寺稱，不述祖庭，孰推師法。後之爲三論、成實、毘曇，六朝義學者，襲斯一編，瞭然掌上。譬諸登閬風而紀真靈，入金庭而數仙館，方外遐寄，末不亦樂乎？案原鈔本作『末有樂乎』。茲依孫校據《公羊傳》正。光緒三十三年冬十月，嘉興沈曾植敍。

日本租稅制度及實務序

亞東租稅法之統系，我國與日本同出於唐，而浸久浸繁，遂不能不加整理，參歐制而變通之，前事之師，莫親切於日本已。宣統元年，余遣謝孝廉鳳孫、孫大令榮於東京調查租稅沿革，於是稅務當局諸君，承大藏省命，爲排日講述，並出官牘以相示。姚君次之筆述而譯傳之，裒然數十萬言。稅務當局之熱心，姚君之勤力，於我國將來財政學界，皆爲有關係者，是不可不表而出之，而謝、孫二君之勞，尤足念也。宣統元年十一月，沈曾植記。

張文達公退思軒詩集序

《退思軒詩集》，爲長沙張文達公遺著。前年志盦詒書嘉興沈曾植，屬爲點定刪存，將付楚陶生仿宋槧法刻以傳諸後世。曾植謝不敏。志盦謂文達詩屢經刪定，病革猶以選刻爲言，其平生談藝，心折吾子，茲以相屬，公意也。曾植聞命而愀然，乃敬受而讀之，終卷而置之。閱歲復再讀之，乃起而復於志盦曰：公之詩，無庸刪定也。存其廑存者以傳後世，以輔奏議譜傳，足矣。古今別集之大凡，有分體，有編年，而立於千載之後，尚論千載以前，發潛而表微，分體者常不若編年者測而可知、紬繹焉而音容如見。詩之言志而以會意言之，亦得兼象於時。夫不曰治世之音、亂世之音、亡國之音者乎？夫不曰可以語、可以道古乎？毛詩《小序》三百，而不「不」字原脱，依金校增。言時者十之二，皆其所賅廣博，不可以一事訓詁者也。可以一事訓詁者，則莫不指其時而序説之，誠知夫志與時之相摩相盪以爲詩也。思其人者，方將準古一官一集之體以敍録之，存此數卷，比於崑山片玉，桂林一枝，略以寄諸君子之謦欬想像而已。文達公詩，從容夷雅，擬諸先唐作者，蓋張文貞公、權文公之儔，而賦景抒情，瓌麗而清遠，尤有與文貞相近者。時之感爲風，形容而爲頌，正變嬗而爲雅。固有動於自然而不知所以然者乎？察其詞中之旨，固不盡於其言。曾植與公，未接從容，不敢妄有所論。獨嘗憶昔與順德李侍郎游，論南齋人物，稱公盛美不容口，及今仿佛遇諸卷中。人往風移，九京之觀，逝不可作。執筆而訂公集，乃亦不自知思蹇産而奚屬也。噫！宣統二年庚戌十二月。

續檇李詩繫序

昔余讀宋人所編郡縣總集，若《會稽掇英》《成都文類》之屬，大都詳題詠而略於文獻。深山石刻，荒冢斷碑，祠壇園館之風物，各得藉搜輯以長存。而州郡先賢，抱質懷文，發爲辭章，足以表故家舊俗。流風善政之盛衰，詠志頌見，厚倫而美化者，專家之集，耆舊之篇，或任其放逸，靡所藉以考溯焉。彼固循唐世以來圖經地記舊例爲之，抑準《詩》列《國風》，《七略》序詩，别吴、楚、汝南、燕、代、齊、鄭、淮南之旨以論之，潛德不章，國聞靡緒，不已闕乎！自南宋林詠道《天台集》

專輯一郡詩文，元汪澤民《宛陵群英集》專輯一郡之詩，而後州郡總集之體，綱羅限斷，完然成備。有明以來，作者繼起。在吾郡則朱石田之《檇李英華》，蔣楚稺之《檇李詩乘》，各有成書，而未能行遠。惟國初沈季友先生之《檇李詩繫》，雕板流傳，録登《四庫》爲一邦先哲詩山，足以資考獻徵文之助。踵之而作者，紀以縣則有若《海谷遺風》《魏塘詩陳》《桐溪遺詩》，紀以鄉鎮則有若《梅里詩輯》《濮川詩鈔》《新溪詩鈔》，皆準其體例爲之。而平湖胡雲仁先生復有《續檇李詩繫》之作。沈氏所輯，起前漢以迄國初，爲卷四十有二，著録一千九百餘家。胡氏所輯，起國初以迄嘉慶，爲卷四十，著録亦一千九百餘家。自搢紳耆德，顯學名家，荒江老屋之幽光，禪林閨襜之逸響，擢英擷逸，幽隱不遺，嗚呼備矣！吾禾縣邑起春秋，州於晉，府於南宋，控吴引越，實樂且訏。詩道自先唐邱、顧以來，南宋壇坫屬寓公，元明之交，徐、鮑、貝、程，名流輩起。厥後雖尟大家，而相質披文，音和且平，亦不詭隨於當時風氣。以迄我朝，竹垞老人綜唐宋之大成，建標海内，壇宇崇閎。蘀石宗伯以淵才邃學繼之，事博趣昭，溯源彌廣。同時並起者，前若曹、彭、三李，後若柘坡、丁辛，其人皆曠代逸才，在他方足以雄長群倫，而在我郡，乃拊「拊」疑「附」字之誤。葉同條，若驂之靳。承學之士，人自得師，本其鄉閭所誦習，出而應世，往往不蘄勝人而人自有不能勝者。吾郡文學之盛，近二百年，蓋前古所未有，學者或日用不知，抑不可不誦其本末，詔我後生，勿愆勿忘，保之勿墜者也。胡氏萃畢生之力，成此一書，藏弆於家，未能行世。中更兵火，幸未燬傷，葛詞蔚比部得其稿本，亟謀所以傳諸久遠者，醵資未充，傾囊先事，勞玉初學使、金籛孫太守助之。顧謂曾植，宜爲敘記。余嘗循班、酈三江舊説，診尋地防。自戰國春秋，以追禹跡，吾郡蓋寔爲南江流洪覆被之都。先秦二縣，長水播巨區，而武原朝東海。魚鹽蠏稻，觀游舟楫，東山之府，媲盛海隅。漢後海遠漊湮，原隰乃益增饒衍。王武子所謂其地坦而平，其水澹以清，其人廉且貞，常璩所謂士多仁孝，女性貞專，稱爲士大夫之都者，吾郡近之。戶口蕃息著於唐，而文章炳蔚盛於宋，元明以降，世進代昌。及咸豐庚辛之際，隳於兵劫，耗矣。中興元氣，逾久未蘇，近且有廢除府制之議。解紐弛綱，易視改聽。自今伊始，我服疇食德之士民，其且隨政令以轉移，急功近名，以同風於都省乎？其或眩見聞之靡麗，去故即新，而同流於異地乎？其終能葆其舊俗，操其土音，安之而不遷乎？夫審音知樂者表微，而明乎得失之跡者懷其舊俗。詞蔚勤勤刻此書於今日，可謂難能。顧余乃閔然興念於發策諦題之際，思其地，思其繫，後有達者，甯無慨乎！宣統三年，歲在辛亥，姚埭老民沈曾植序。

頻伽精舍校刊大藏經序

佛教爲窮理盡性之教，智周法密，義賾語圓；約示一心，廣詮萬法；涵蓋空有，師表天人；世界典籍，斯爲冠冕。自騰竺西來，華梵轉譯；帝王寮庶，翕然承風；顯正明中，牖迷出苦。奸頑因以革僞，上善依之證真。跨海越洲，漸漬成俗。大矣哉，釋雄之爲化也。迨世趨偷惰，學途就荒，士以窮理盡性爲迂，希世之書，束焉高閣，隨流波靡，紛紛如醉，皇覺興悲，職此由矣。近百年來，世變益亟，遠識之士，莫不思導揚法化以迴頽俗。第化跡昭垂，具載全藏，部帙繁富，四方罕覯。間有一二緇士募緣内請，所在需費，動逾萬緡。邇來東國乃有縮印《大藏經》之舉，然橐金遠購，多沮於行。歲庚戌，海上頻伽精舍主人，慨紓弘願，校印藏經，屬宗仰上人經理其事。予聞之，啞然而喜，祝其早克告成，俾有志斯世者得爭先購請，以共咀法乳無上妙味，而窮其中所明吾人迷失本有之真理，及緣起自性之萬法，庶於世間生滅成壞之因果，究知其端緒，有以操扶危起衰黜邪崇正之善權。蓋天下之悖教也久矣，非迷己以徇物，即失己以蹈空，二者交譏，中道胥失。非夫大覺，疇克正之。叡師有云：『知邪思之自起，故阿含爲之作；識滯有之由惑，故般若爲之鑒。』聖人哀憫群生，無微不至，要在學者之善會耳。洪惟我國佛教之隆，莫先於晉。士夫好學深思，窮研心理，感彼西哲，聯袂偕來。學泯町畦，情忘畛域。爾乃圖澄密行，揚覺華於戈戟之林；道安清範，植慧根於饑歉之世。逮夫羅什諸德，振錫渭濱，開《方等》，出《楞嚴》，顯《菩提》，宏《般若》，繹三論，頒五禪，敷《妙蓮》，陳《梵綱》，左挹《成實》，右領《婆沙》，耀文殊之珠，表普賢之相，彰慈氏之受決，讚彌陀之度生。於時曇影疏其中觀，道生申其頓悟；東林則專修安養，青眼則嚴護毗尼。華藏教海，覺賢譯其文；《涅槃》地持，曇摩發其祕。溯彼法流，汪洋泓演。歷宋、齊、梁、陳、魏、周、齊、隋、唐，迄吴越、遼、宋、元、明，以至於清，若《成實》，若《俱舍》，若《淨土》，若《般若》，若《智論》《三論》，若《法華》《涅槃》，若《地論》，若《攝論》，若《唯識》，若《華嚴》，若真言，若律，若禪定，若牛頭，若曹溪，若臨濟、潙仰、曹洞、雲門、法眼諸宗，與夫高句麗之所傳，日本之所述，南海西洋各邦之所授受，無不導源於是時者。正如耨池八水，派別萬川矣。彼其人類皆學窮根柢，確守師傳。一義未達，尋之無窮；一疑莫釋，參之衆肆。故能探奇抉奥，發幽闡微；各振精思，競標新諦。帝后欽其師範，靈祇彰以殊應。其談心識也，則洞達性源；其示行相也，則備詮萬德；其析物質也，則辨極隣虛；其衍法數也，則引而至於不可說。洵所謂大無外，小無內，窮三際，遍十方者矣。佛以一圓音演説妙法，歷代宗師，紹承申繹；名理奥義，日新不窮。隋唐而下，闢途尤衆，所以廣建法幢，啟靈闢而膺衆生之諮求者，殆源源而無已。雖其間各樹義宗，或正授，或别傳，或顯或密，有種種之殊態，跡其大權妙用，異派分流，要無非趣入一佛教海，聖智出世，應衆生根而爲説法，亦各因其時耳。或疑我國今日大教久衰，加以公私匱乏，殆難望其興復。夫法運通塞，係乎人心；心佛相感，互爲因緣；因緣會合，事乃成辦。矧如來具異方便力，際困窮約急之世，安見遂無善法以施此衆生與。淨名謂優鉢羅華之生，乃在沮洳淤溼之地。賢豪達人，何世蔑有，庸知羅什、慧遠等之偉烈，劉遺民雷仲倫諸老之遺軌，當來法衆，不更有相什伯千萬而張大之者乎？方今群學鼎新，衆流交滙，幸得此大教以綱維萬彙，而我輩既生宏法之國，又值有大德校印以供購請，此較諸先世古老，其緣會洵稱殊勝。我國緇素誠共奮其龍象之力，將此一大藏教精研密證，彼歐美三十年來哲學人士之所考述，不將待折中於我國與？赫赫神州占佛教旁敷最早之名譽者垂三千祀，耆宿俊髦，咸所聞見，寧可不共尋芳躅，高據勝流，以維持此世運哉！頻婆娑羅有言：『天上天下無如佛，十方世界亦無比，世間所有我盡見，一切無有如佛者』。誠以窮理盡性，無美不備，夫豈第濟屯出否，有益於一時一方而已耶。然而未臨滄海，疇知水性之深；不登須彌，詎識坤輿之大。今欲窮世出世間名理之淵府，誠無出乎周覽全藏者矣。若夫達識明心，即事證性，是在入華屋者自具全權，又奚俟予之贅言哉。予歸田之明年，而上人問序於予，因書此以諗世之請經者。佛涅槃後三千三百八十七年，嘉興沈曾植序。

沈子敦先生遺書序

余方童丱，在塾時，則聞吾先兄爲言先司空公視學東南大省，襄校者多砥行績學之儒，因舉所知陳扶雅、沈子敦、王亮生三先生相告。扶雅與先司空嘉慶辛酉同鄉舉，歲相若，爲老友。亮生、子敦先生則輩行差後，先司空折節爲忘年交者也。而子敦先生又爲吾父水部公授經師，晚景獨窮，故司空公遇之彌厚。道光庚子，子敦先生應京兆試，落第後病，十一月卒於京師。司空公既與姚伯昂、徐星伯兩先生經理其喪，歸其遺書稿於南中，嗣後遂絕無消息。《落颿樓文稿》四卷，刻於楊氏《連筠簃叢書》中，故老傳言，蓋學海一滴耳。道光之季，文場戾契，頗有幽歧，其還往常集於津要之塗，巧宦專之。而公卿大夫方直者，舉子謹厚步趨守繩墨者，士以學問自負者，恒聞風而逆加擯棄，其名士而擅議論者，尤干時忌。張石洲、張亨甫之流，困躓當時，士林所共記也。先生博學傾諸公，譏切時病，洞見癥結，其不遇豈足異哉。先生與吾族蓮溪觀察爲摯友，吾水部公七試不第，蓮溪嘗深矉嘆息，論其當世之故如此。蓋至咸豐戊午而後，茲風乃殄，而後單門孤進，遺經獨抱者，始得稍霑稽古之榮。至於同光之際，二三場重於頭場，則吴縣、常熟、南皮、順德迭主文衡，重經史古學，幾復反乾嘉之舊。後生讀先生與友書語，殆且不知其何指，孰知夫六十年前，舉場之沈晦如此哉！先生學博而思精，其所究心，於地理圖志，西北方域，意且通康、乾諸老先生東樵、東潛、休寧、嘉定之所未通；若《魏書地形志注》《水經注地名釋》《元史西北地蠡測》《元和郡縣志補圖》，所自撰述者，蓋皆以決曠代之積疑，甄史家之絕學。使其書成，固當軼出於石洲、默深、願船以上。天厄其遇，又蕲之年，並其爲姚、徐諸君代撰之書而亡之，惜哉！余嘗太息道光間爲地理學者，程春廬大理顯宦而書不傳，先生寒士而書不傳，以爲藝林遺憾。及今得讀此編，則猶幸先生遺稿，得汪謝城先生爲整比之。其著述總録一篇，微顯闡幽，用心良爲至到；而次弟殘稿，有倫有脊，使讀者不得其全文而已知全文義例之梗概，蓋文集也而遺書具焉。孫校作『蓋雖先生文集，而遺書於是具焉』。又數十年而翰怡大卿得而刻之。然則先生身不顯於當時，而集顯於後，雖書闕有間，比於大理，猶多幸已。

宗忠簡公年譜序

《宗忠簡公年譜》一卷，公二十五世裔孫伯臯孝廉所輯也。徵諸文集者若干事，引申史傳者，詳上下文語氣，此下應有『若干事』三字。旁推交通，徵諸別史傳記者，復若干事。靖康去今八百數十年，披卷讀之，當時艱難任事之心，與夫君相回皇失圖守，士吏之喪心，驕兵悍將之外逋而內哄，崩敗情由，年經月緯，條繫件附，本著未完，視而可識。嗟夫！忠簡年三十始成進士，隨牒州縣，沈埋簿領，歷哲、徽兩朝，復三十餘年。及靖康初，侍從乃以任臺諫薦，公是時已六十八歲矣。自奉使而改差知磁州，而義兵總管，而副元帥，遺大投艱，搘持危局，中間才旬月耳。固非有素養之威，預定不可動移之計畫。僚佐殆無足與言，烏合雲擾之衆，王善、孔彥舟、趙世隆、丁進之徒，名爲義兵，其寔群盜，固與古平林、下江、尤來、大槍等無有異。以之捍粘罕、斡離方張之敵，縣計軍府草創可爲寒心。公於此時，仡立於蕩搖震悚之中，不告急，不乞援，指揮閑暇，壹以忠憤至誠爲倡率，義心昭激，鋒勢自張。金自建炎二年，西略關中，南蹂唐、鄧，再出入於西京，而當公世，卒不敢復窺東京城壁。用此知名義綱常所固結，亡者可存，危者可安，抑且弱者可彊，亂者可整。公所立，孫校『公』下加『之』字。金人知之，盜賊知之，而南宋君臣，瞠目無所睹，甚且謂□□□□□□□□□□□□□□□□□□□甚且下有闕文。原鈔上文『年經月緯』，『年經』下脫去一行，據別本補入十九字。此亦姑闕十九字待補。孫校云：或以『甚且謂』三字刪去，直接下文『然則』云云，似文氣無傷，但終覺薄弱。然則北宋之亡，非亡於敵，乃亡於不信仁賢惡直醜正之士大夫。百代同軌，可悲痛也。《宋史》公傳，敍事多不著歲月，本紀有日月而事不具。王善、丁進之徒，及所謂山水寨兵者，與岳武穆北伐軍情，往往相涉。武穆之方略，即忠簡方略也。宗君若於有關兵事諸人，原始要終，一一詳其本末，於宋金南北進退軍情，益可洞知表裏。蓋證之劉智遠之卻契丹。而知宗、岳規模，固已運河北三鎮於掌上。過河之語，具有成算，豈僅策勵將士之常言哉！姚埭老民沈曾植書。

重刊江西詩派韓饒二集序

《江西詩派詩集》，《宋史·藝文志》著録爲一百十五卷，《續宗派詩》二卷。《書録解題》著録正集一百三十七卷，續集十三卷。《文獻通考》著録與《解題》同。據陳氏《詩派》解題下稱『詳詩集類』，則詩集類自林敏功《高隱集》起，至江端本《陳留集》止，所謂皆入《詩派》者，其次第當即《詩派》次第，綜其卷數，計：林敏功《高隱集》七卷，林敏修《無思集》四卷，潘大臨《柯山集》二卷，謝逸《溪堂集》五卷、補遺二卷，謝薖《竹友集》七卷，李彭《日涉集》十卷，洪朋《清虚集》一卷，洪芻《老圃集》一卷，洪炎《西渡集》一卷，韓駒《陵陽集》四卷、别集二卷，高荷《還還集》二卷，徐俯《東湖集》三卷，吕本中《東萊集》二十二卷、外集二卷，晁沖之《具茨集》十卷，汪革《清溪集》一卷，饒節《倚松集》二卷，夏倪《遠游堂集》二卷，王直方《歸叟集》一卷，李錞《李希聲集》一卷，楊符《楊信祖集》一卷，江端本《陳留集》一卷，凡二十一家，九十二卷。益以别出之《山谷集》三十卷、外集十一卷、别集二卷，《後山集》六卷、外集五卷，皆明言《詩派》者，已溢出一百三十七卷之外，尚有祖可《瀑泉集》十三卷，善權《真隱集》三卷，都計合于後村總敍二十五家之數，而卷數則爲一百六十二卷矣。《詩派》有舊本，有增刻。諸家次第，見于宋人紀述者，各各不同。就其最可依據者，陳氏所録與後村所敍，亦不盡同。劉氏明言舊本以呂紫薇居後山上，而陳氏所録乃在徐東湖之次；劉氏言紫薇以高荷殿諸公，而陳録高在陵陽之次。不知陳氏所録爲江西舊本耶？或即黄汝嘉所校刊耶？北宋詩家之有《江西詩派》，猶南宋詩家之有《江湖詩集》，留存于今者，諸家卷第，種種不同，度《詩派》理亦宜然。七百年來，世間遂無流傳定帙釋兹疑竇，深可惜也。其零本單行者，如此之《饒韓二集》《晁叔用集》《謝幼槃集》《呂東萊詩集》，皆有慶元己未校官黄汝嘉校刊題記一行，得藉知爲《詩派》刻本。而韓、饒二集，校式不同，晁集十行二十字，與饒同；江西詩派四字在第一行，又與饒集列第二行者不同。諸本皆自宋本傳模，而差互不齊乃爾，亦足推見原本之刻非一時，成非一手矣。余少喜讀陵陽詩，嘗得倦圃所藏舊本；讀《紫薇詩話》《童蒙訓》，慕倚松之爲人，而詩集恨未得見。宣統己酉，藝風先生訪余皖署，談次謂有景宋本甚精，相與謀並《陵陽集》刻之，屬陶子琳開板武昌，工未竣而兵起工停。越歲壬子，乃得見樣本于滬上，適會盛伯希祭酒家書散出，中有殘宋本《倚松老人集》，爲吴君昌綬所得。藝風通信津門，屬章式之就樣本校一過，行款字畫，纖悉不遺。余復從《嘉泰普燈録》中搜得《如璧大師傳》一篇，爲向來詩苑所未見者，録附卷後。自慶元己未迄今宣統癸丑，七百有餘歲，兩先生文字精神，僅借此《詩派》小集，再傳雕印，而其足本，若陳氏所録五十卷之《陵陽集》，宋志所録十四卷之《倚松集》，寂寥天壤，絕不可尋。而同時諸公所推爲祭酒，若夏均父、高子勉諸君，僅存一二篇章，乃並此數卷之小集留存而不可得。士君子高才邃學，托傳文字，良甚足悲。而余與藝風諸君崎嶇轉徙之餘，猶復白首編摩，出其所信好者，校刊流傳，蘄以餉世變風移渺不相聞之同志，其爲可悲，不滋甚乎。宣統癸丑五月，姚埭老民沈曾植記。案：文中以宣統癸丑紀年，實乃民國二年。曾植以遺老自居，故如此。以下民國以後所爲之作，署宣統某年者，同此例。茲仍其原樣，不加改動。《海日樓詩》卷五有：《以新刻江西詩派二家集呈止相用枝字韻》《復次止相題江西詩派二家集見示韻》等篇，與此詩爲同一年作，可參。

雪橋詩話序

聖遺居士，避世于北江之尾。陋巷湫塵，蓬藋拄徑，十笏之室，圭竇微明。時在嚴冬，冰雪在地，北風振葉，踵其戶者，若窺袁夏甫之室，御王孝尼之車，陟匡君之廬，而見靈均之澤也。居士有書數萬卷，臺城之警，十存三四，然皆金匱石室之藏，功宗竺弼、魁儒碩師之述作，累朝文獻之寄。昔在承明所裒鳩以成《文經》者，環堵五版，積軸若山。居士槃薄其間，以永曛晝。偶乘鹿車，出過知好，靜對移晷，容寂而思深，諮無不塞。歸即披卷冥搜，鉤章索句，掌録移寫，細書精敏，日可萬字。曾不逾歲，積冊十二，署之曰《雪橋詩話》。匪獨言詩而已，其于聖賢群輔，諄誨師儒，裘帶都人，英賢姓氏，奠系本牒，徵事解題，昭然若親見之，若並游盛世而聞其謦欬。昔我有先正，其言明且清，《小雅》之材七十二，《大雅》之材三十六。《春秋說題詞》曰：『詩之爲言志也。』天文之精，星辰之度，人心之操也。在事爲詩，未發爲謀；恬憺爲心，思慮爲志。稱其詩以論其事，稽其謀，度其心慮，人倫之紀，《春秋》之事，不在茲乎？余嘗語聖遺，韓太傅以儒行説《詩》，誼蓋比于公、穀之説經；劉中壘以固實説《詩》，事蓋比于左氏之作《傳》。王者考正之觀，降而爲師儒絃歌之業，鄒魯之士，有恫心焉。説之愈詳，誦之愈貫。興觀群怨，憲章文武，周歷八百年，而周之詩教，乃横被于百世。《尚書》曰：『自一話一言，我則末惟成德之彦。』古語通用言，今語通用話。于籀文，語字作譮，其解曰：會合善言也。知語之爲會合善言，則知七十子之所傳，六藝詩家之所録，曰故者爲樂先，曰傳者爲示後，曰説者爲述教，曰訓者爲順考，曰記者爲雅識。凡皆以永我先王先民之言，達于事變，而懷其舊俗。竹帛之稱，古今則殊，神明之感，古今一也。居十蹷然有間，齹然而應曰：其然。他日索序，即書以貽之。太歲在昭陽赤奮若，孟冬之月，李鄉寐叟沈曾植。

定廬集序

曾植少孤，獨學無友。所由粗識爲學門徑，近代諸儒經師人師之淵源派別，文字利病得失，多得之武進李申耆及吾鄉錢衎石先生文集中。兩先生，吾私淑師也，而錢先生同鄉里爲尤親。先生與先司空公爲同年，又爲吾妻之外曾祖。先生少子徐山、子舟兩先生，皆得奉手承教，周族累歲，舉凡先生之歘歷志事，與夫音容笑貌，性情嗜好，往往有小聞瑣語，覆而證諸文字空曲交會之中，先生之微尚淵思，若親接於謦欬。若從先生上邱陵而從其指向，其樂意乃每得之意外，而視俗尚所趨，當代聞人所標持爲職志，而譁寵一時者，又若先生時時爲吾抉其利弊，學在此，不在彼也。同此志，同此樂者，則崑山李橘農廉使表弟與吾弟子封學使。光緒初元，甲乙丙丁之間，橘農子封治算學，余治地理書，三人各有專業，而文學指歸，壹折衷於錢氏。荒庭寒日，步屧相過，往往想像李杏村、朱雲陸、董方立諸君與先生講習游從時，意擬其性情賞會，以爲笑樂。境有所觸，則相與歌先生詩以自遣。若《寶真齋法書讚》《仲家淺》《虞仲翔祠》諸篇，皆當時所遙吟俛唱，沉吟不已者也。顧獨恨刻本止《刻楮》《旅逸》兩稿，全集聞且千餘篇，思之末由得見。吾宗穀成庶常味畬孝廉，先生之外孫，多見未刻稿，嘗誦其名篇雋句相誇示。又爲言先生所選《冰蔬集》中，國初遺老戚嘯門、山東李少鶴詩，相與測其去取義例。寒鐙永夜，去今四十年，謦欬猶在耳也。當嘉慶朝，開館重修《會典》，先生與桐鄉程春廬大理、秀水朱雲陸給諫，同在館中，咸以博聞通識，綜練國故，見推京朝官，字爲嘉禾三傑。大理名滿天下，而著述胥佚不傳，世所稱《國策釋地》，非其至也。文集刻僅數十頁，給諫邃於天文算學，旁及陰陽壬遁，百家雜説靡不通，顧未嘗有所纂述。獨先生著述既多，遺稿滿家，其鉅帙若《碑傳集》定本，若《三國會要》，近歲幸藉書局官刻以流通。詩集以無定本，故子孫祕不示人，逾久遂浸浸亡失。方余在皖，橘農在浙臬，公餘暇日，頗思募訪得之，傳刻以完私願。因緣睽錯，卒無端倪。滄桑國變，轉徙海隅。萬事皆非，生人道盡。則夫平生積習，文字空華，固已枯木寒灰，眇乎不堪重省憶矣。是歲小除，藝風編修示余錢氏兩世書翰巨卷及鈔本錢氏家集，爲言遺書散出事，蹙然慨息，既介紹橘農收之。越歲而山陰諸貞長太守示余此集，寫本清整，文句增改，識爲先生親筆。詩且□□□□篇，與《刻楮》《旅逸》兩稿，數幾相等。望外得之，歡喜踴躍，急借以示橘農。橘農瞿（定本作『矍』，此從手稿。）然曰：『校勘摹刻，我責也，兄當助我。』余爲請於貞長，而貞長許之。藝風亦復得錢氏所藏合校焉。於是先生中年詩略具，其先後可得而論焉。先生鴻博偉麗，雲蒸海負之閎才，削骨落膚，超心鍊冶，平生不肯與諸名士才華角逐。其於詩自律甚嚴，迄晚歲寫定篇章，完然成帙，而閟而不出，亦終未序述自意之所存，先生於詩，意豈尚有不自慊者耶？夫其造境之深，亦既極乎行遠而微至。自《詩》《騷》，漢、晉、唐、宋以來，世迤以降，亦世有其真。有志者莫不欲反降以爲升，而升之所窮，仍各適其真而止。吾鄉前輩，若竹垞，若籜石，則既然已，雖先生亦胡獨不然，而且欿然常若有所不敢盡，則其不自慊者，乃其所以自得者耶？曾植讀先生書五十年，迄今披卷籀尋，乃尚若有其始無首，其卒無尾，蕩蕩默默，乃不自得者。泰山巖巖，魯邦所瞻。噫，遠矣！

愛日吟廬書畫續録序

昔者寶真作贊，倦翁寓感於東京；故物敍譜，裕之傷懷於北渡。九六玄黄之會，火風災難之辰。圖書與鐘簴俱移，雅故與衣冠併瘁。竹殿灰飛，文武之道盡今日；董逃行急，縑帛之囊括靡遺。開皇官庫，燼餘廛録孝源；益部名畫，異世乃甄休復。至於石經三字，因移鄴而不存；壇山片石，徙入燕而永絶。藏室寶書，隨皇老而度月支；博士完經，駕海童而歸方丈。蝸角鬥爭，脈望蜕化。慷我痞嘆，能不漣而。然則桃源地僻，五馬無驚；桑海塵揚，百城未墮。識陶安之印，季澥承家；發六一之藏，子斐録目。如吾友葛毓珊農部、哲嗣詞蔚比部所編《愛日吟廬書畫録》，得不謂墨莊付託，足慰平生；閏史支分，兼章國故者乎？《愛日吟廬書畫録》者，農部所手編也。裒所儲藏歷代名蹟，詳略之例，準諸江邨；編定之年，斷於光緒。至佳新著，籍甚人間。而録成以後，續收彌富。比部繼志，亦有綱羅。闕焉不述，豈曰爲裘；鍥而不舍，乃成後集。《續録》凡八卷，自明以前名蹟七十餘件，本朝名蹟一百幾十餘件，選擇排比，壹如前録。又輯《别録》四卷附後。弇州書畫之跋，隆、萬異時；清河世系之表，樝梨一味。固繼彪書，廉成察業；善則稱先，署仍農部；儒風世德，兹可尚也。嗟夫！頽齡易感，表獨立於寒風；末劫多賢，乃不生於華族。蕪城慘淡，喬木先摧；夜壑遷移，墨皇大去。三年以來，僑居所閲。喟鬱華之祕籍，檢墨未乾；估江夏之珍圖，題金如故。潮陽估舶，獵窮持靜菁華；朱雀航頭，掠賸結一籤帙。雲煙過眼，天地不仁。方復助不祥以眩人，罄衣珠於窮子。昭陵石馬，則踢顧秦橋；僧繇畫龍，乃垂首建木。豈智士鳩留之國，行大捨其莊嚴；將天人衰相之年，遂頓亡其瓔珞。既欣此善，彌軫它悲。詞蔚屬敘斯編，吾悁悁以思，逾久逾久，不能抒寫，職思此爾。時在甲寅端午後二日，寐叟沈曾植書。

李審言學製齋駢文序

審言治《文選》學有年，厭飫優柔，硯研筆述，劇材鄧林，鑽瓠屈轂。文身句身之從來，事對言對之隱複，靡不求其本始，究極根因，當其得意，遂若奉手選樓，親紬書簏。近代爲選學者，胡氏能明訓詁，梁氏頗眘異同，鉅袠裒然，不若審言一卷碩師，千秋冥契也。精理所積，發爲文章，據江介以溯洛中，本裴謝以劑江鮑。文清旨詣，秀擅當時。素練輕縑，質周世用。以言情者則語古思新，以述事者則文華理暢。愚嘗謂名言薰習，用起宗一本作『家』。風。業之待薰，若茭蘆之互倚；習之生識，爲苣蕂之染香。惟所業之軌輒匪今，斯其文之波瀾皆古。審言聞是，許爲知言。準此以談，則太傅翰藻之論，大令鈔撰之心。菑畬經訓，容甫所以騁漢京；泳味玄虛，芥子一本作『桂巖』，據初稿。所以追正始。柯則不遐，期逵同達。一本作『駛』。比兩爲一本作『成』。三，跂余有望已。一本『已』上有『也』字。李氏自盛明以來，四百餘年，爲興化冠族。宰相列表，英賢在譜。官告昭其世牒，著述録於史家。及審言而轗軻客游，自稱寒士。嗟夫！繁霜既降，喬木先摧；王澤既窮，三川遂竭。長尾之流移靡訴，慶伯之皁隸同一本作『長』。悲。天厚審言，獨賦清才，自鳴不遇。還視夫病馬長喑，好兒終啞者，固猶有一朝之快與？宣統六年乙卯仲夏之月，東軒病叟植書。

彊村校詞圖序

逸社冬集，彊村以校詞圖屬題，余爲詩爲詞皆不就，久而無以應也，病山屢促之。一日閲《直齋書録解題》，于《笑笑詞》下得一事曰：『自《南唐二主詞》以下，皆長沙書坊所刻，號《百家詞》』云云。默數歷年，蓋詞起五代，越三百餘年，而有長沙匯刻；又越三百余年，而有海虞毛氏之刻；又且三百年，而後有居士之校刻也。遼乎艱哉！乃起而書其後曰：詞莫盛于宋，而宋人詞爲小道，名之曰詩余。及我朝而其道大昌，秀水朱氏，泉唐厲氏，先後以博奥淡雅之才，舒窈窕之思，倚于聲以恢其壇宇，浙派流風，泱泱大矣。其後乃有毗陵派起，張皋文、董晉卿《易》學大師，周止庵治《晉書》爲《春秋》學者，各以所學益推其誼，張皇而潤色之，由樂府以上溯《詩》《騷》，約旨而弘思，微言而達指。蓋至于是而詞家之業，乃與詩家方軌並馳，而詩之所不能達者，或轉借詞以達之。周氏退姜、張而進辛、王，尊夢窗以當義山、昌谷，其所據異于浙派者，豈亦置重于意内，以權衡其言外，諸諸焉有國史吟詠之志者哉！昔者吾友鶩翁王給諫，以直諫名天下。顧其閑暇好爲詞，詞多且工，復校刻其所得善本詞于京師，以詔後進。方是時，彊村與相唱和，若鐘呂之相宣，前後喁于，而曲直歸分也。鶩翁取誼于周氏，而取譜于萬氏。彊村強識分銖，宗萬氏而益加博究，上去陰陽，矢口平亭，不假撿本，同人憚焉，謂之律博士。蓋校詞之舉，鶩翁造其端，而彊村竟其事，志益博而知專，心益勤而業廣。乾坤道息，身隱于文，海内知交，助蒐祕佚，校成之詞，已刻者一百餘家，未刻者方日出而未有已也。軼海虞而反跡長沙，褎然于詞苑，可謂富與！彊村者，居士祖居埭溪，溪渚上彊山麓，唐白文公所謂惟有上彊精舍與劉商居之仙知者也。吾浙山水名在《山海經》，而至今可指其所在，按圖瞭然，東惟會計，西惟浮玉、苕水爲最古。上彊爲浮玉支麓，而埭溪古施渚，則苕水西源，禹、益所經，夏少康、帝抒封軕之虚，越勾踐鑄劍之跡，山水精絕，靈物泱莽，往往令人俯仰古今，悲思感慨而不可止。居士家在彊村，平生出入中外，退而寄他郡，圖中風物，夢想所寄爾。而長楸夏首之思，感不絕而苑莫達者，鶩翁往矣，獨佇眙乎荒谷桂渚之間，惏淚謳調，所自爲詞與所校之詞，乃相與轉注綿延于無已。嗟乎！《離騷》之辭本《易》象，劉勰言之；宋玉多微詞，世或以謂鐸椒《春秋》之裔緒。辭與詞古今字，後世讀居士所爲與所著録，其將有感于無聲之樂，不盡之言乎？抑且曰不可見之《易》，莫贊之《春秋》，于是焉在乎？世變浸淫于文字，是亦非張、董諸先生所及知，而五代之後，復有五代，余懼夫師說不傳，或且《花間》《尊前》視之也。噫！

關氏讀易劄記序

《易》與天地準，天時盈虛，與時消息，四尚之用，皆所以悅心研慮，利用出入，發揮時義者也。漢儒言《易》以天道，而虞氏納之於消息；宋儒言《易》以人道，子程子、子朱子約之以時位。其在四尚，則消息者動之變，時位者辭之占乎？物不可窮也，而天下之至精亦無窮，有君子之道者可言《易》。吾讀關先生《讀易劄記》，默循其本，其諸初九賁趾，手稿作『素履獨行』此當後改。有見於君子之道與？其於坤，言陰先於陽，即爲迷錯。坤無德，以乾爲德。六二括囊，境不易處。於比言陰居上爲比之無首，於履言剛明之才無危懼，雖正亦兇人之行，貴於有終，乃所以爲元吉。於否言古之大臣亂群者多矣，自失其亨，後悔何及。於豫六二介如石，尤致意焉，曰衆皆睡醉時，當以此爻爲法。於蠱上九，言此人自處在吉兇悔吝之外，故不能繫以吉兇悔吝，其事雖無稱，其志可則也。嗟夫！程子之《易》，元祐紹聖之《易》也；朱子之《易》，淳熙、紹熙之《易》也。惟知時者可言消息。先生在同、光之際，索居京輦，介石自安，固與虞氏在吴，程、朱在宋，時異位異。而所與游多鉅人長德，習熟於儒言臺議，陰陽消息，否泰往來，與夫大人之比。應承乘，雜物德，以辨是非，蓋一一識諸心而可徵諸爻象。及晚歲客遊江外，講此以授生徒。固未嘗有意著書，而隻義單詞，參伍以觀，時見深旨，所謂稱名小而取類大者非乎？先生平生，所欲著書率未成，而及門從學，若仁先、若石卿，皆守其師説，確乎不拔，有以自立於剝復之際，超然於吉兇悔吝之外，得非先生心易所鼓舞體益者深，賢人之道可久者邪？夫《易》之終，受以未濟，此自天地萬物，以至一人一事，蓋無或能越其範圍。自古抱道之儒，藴無窮之志意，多聞闕疑慎言，兢兢焉，卒以是乃無一卷書傳後者，何世蔑有。薪盡而火傳，吾意仁先傳先生之書，其非獨著諸竹帛而已。其且推本先生所用心，繇程、朱以上，窮四聖，旁通乎九師，原始乎辭變象占，要終乎開物成務，明乎天道而察於民。故《易》之爲道不可遠，而乾坤之藴，毁而不息，稽於此以類衰世之意，其諸質先生於九京而無疑者與？宣統七年歲在乙卯，長至之月，嘉興沈曾植敍。案：此序作於民國四年，闕棠即没於是年。

禮議敍

《禮議》上下卷，吴郡曹君君直在禮學館建議之文也。吴興劉郎中録諸木，三月而成，已校定可摹印。敍曰：光宣之間，唏矣！邪伏於帷墻之間，五細六逆，旋相爲用。隱民造作言語，裂冠毁冕，拔本塞原，因内反死生，五間俱起，以襲我丕丕基，指鹿以爲馬，甘口鼠行，舌痾火沴，詛物爲創，大人患失而惑，則亦俛眉揖客，承筐將之，崇長信使，俾姦宄於邦邑。潰潰回遹，詩人所嗟。乃罔畏畏，咈其耇長舊有位人，父師嘆焉。泰山之石穿溜，單極之綆斷幹，積微成著，蓋至於九年憲法之布，而本實撥，枝葉害矣。變亂之始自刑典，蔓於官制財用兵戎，迭變迭更，最後設禮館。朝廷眩制作之華言，不知其柔道陰行，無上無法無親，伺間逞也。山冢崒崩人無仰，深谷爲陵小臨大，本作『百川沸騰不可遏，星炎孛孛與日朝夕』。常敀常任，準人私憂竊嘆，哀哉不能言。老師宿儒，或乃曲學阿世，抱薪救火。當時抗議刑律，諍論於庠序，若勞侍郎、劉侍郎，十手所指，落落數人爾。禮說深博，助我者希。曹君奮寒儒，苞並千載之盈縮，羅絡百氏之異同，本諸經疏，參之史傳，一本『史傳』下有『故事』二字。得制作之原，以摧詖破邪，逆折牙角。其文詞温温儒者，而機張括省，言必中慮。非聖者徒，喑不得語。一本作『噤不能言』。《禮議》都凡二十七篇，坿以《律議》四篇，諤諤誾誾，干城名教，偉哉昌言，勇過賁、育矣。曹君言禮館中虛心直志，不違道以干譽。主其議者，實爲溥玉岑尚書。合志同方，相與搜剔括摩，張皇正義，則華亭張君聞遠、錢君復初原闕二字，據孫校補。之力居多。當時蜩螗沸羹，由行艱苦。事過時遷，永思惻怛。鄭瞽溺庭，謂國無人。淮南俾倪漢朝，發蒙振落。曹氏此書，炳然儒效不可不傳。一本作『觥觥儒效，不可不亟傳』。抑元祐君子之微言淆於《宣政日録》，是非不大白，則禮館建立本末，朝議時論，繫月繫日，亦不可不著其實録以詔後世也。余守外臺，遥領顧問，憤時俗之汶汶，邱蓋不言。一本作『余屏外臺，察淵見嫉，被書顧問，邱蓋暗呃』。獨不意風雨鷄鳴，卯酉午亥之際，有茲德論，光我聖清。有曹君而禮典不亡，衡厥重輕，非僅何承天、王儉、任預、庾蔚之比也。接君言論，識君恨晚。責沈之譏，滋愧愾爾。宣統丙辰秋九月，嘉興沈曾植。

元聖武親征録校本序

曾植始爲蒙古地理學，在光緒乙亥丙子之間，始得張氏《蒙古游牧記》單本、沈氏《落颿樓文稿》，以校鄂刻《皇輿圖》、李氏《八排圖》，稍稍識東三省内外蒙古、新疆、西藏山水脈絡。家貧苦無書，無師友請問，獨以二先生所稱述爲指南。《祕史》刻在《連筠簃叢書》中，時價十二兩，非寒儒所能購讀。一日以京蚨四千得單印本於廠肆，挾之歸，如得奇珍。嚴寒挑鐙，夜漏盡，不覺也。庚辰會試，第五策問北徼事，罄所知答焉。卷不足，則删節前四篇以容之。日下稷，清場而後、交卷。

歸家自喜曰：此其中式乎？長沙王益吾先生、會稽朱肯甫先生分校闈中，榜發，語人曰：闈中以沈、李經策冠場，常熟尚書尤重沈卷爲通人。顧李莼客負盛名，而沈無知者。某君曰：嘉興沈氏，其小湖侍郎裔乎？尚書於謁見時，特加奬借。而兩先生之言傳諸學者，莼老相見，亦虚心推挹。於是於此學稍稍自信。而此書乃轉展傳鈔得之，於是乃知《元史本紀》所從來，知作此書人曾見《祕史》，而脩《元史》，人未曾見《祕史》也。互相印證，識語眉上，所得滋多。爽秋爲洪文卿侍郎搜訪元地理書，假余鈔本傳録，遂並眉端識語録以去。侍郎後自歐洲歸，先訪余研究《元史》諸疑誤，前賢未定者，舉余校語。余請曰：單文孤證，得無鑿空譏乎？侍郎笑曰：金楷理謂所考皆至確。金楷理者，英博士而充使館翻譯，地理歷史學號最精，助侍郎譯述拉施特、多桑、貝勒津諸書者也。李仲約侍郎自粤反都，亦折節下交相諏問。顧余此書所未瞭者，先生亦引以爲憾，而無他本校之。蓋先生所據亦何氏校本，與此本同出一原也。間屬友人訪諸日本，亦無他本，廢然太息。丙申歲，李侍郎卒。丁酉，余丁太夫人艱，銜恤南歸。及庚子而鈔本及積年所搜集諸書留在京邸者，並燼於拳焰。斬然衰絰，兹業遂廢，至於今二十年矣。丁巳冬，書賈以明鈔《雲麓漫鈔》來，僞書也，實殘本《説郛》之改名。而中有《聖武親征録》，取與此刻本校，則異同滋夥。研討浹旬，其可以佐庀今本者，悉剌入之。雖未敢遽稱確詁，較之張、何所見，則勝之已。

孫抑安漢書藝文志舉例序

《前漢藝文志》，爲歷代史家志經籍目録家次著録者之祖。繼世而起者，王儉《七志》、阮孝緒《七録》、魏徵《隋經籍志》、毋煚《開元古今書録》，皆述事之肖子，百世不遷之大宗也。儉有《條例》九篇，置於《七志》之首。孝緒與儉異同，史識其割析辭義，淺薄不經，則於今存《都録》之外，自當別有論說，惜其亡佚不可考知。魏氏約文緒義五十五篇，大較準擬班書，毋氏承之，通變以賅別本公手改「賅」爲「周」，惟《漢志舉例》刻本仍作「賅」。其用。迄宋而鄭漁仲鋭志校讎，專以《隋書》衡量諸家，而時時上推班氏，闡其精意。其言類例與學術相關之故，昭晰通明，鄭氏誠班氏功臣哉！國朝章實齋氏，益推鄭氏之旨而上之，由藝文以見道原，推史以言經，而校讎之體益尊，著録去取，乃愈不可以不慎。近世圖籍益蕃，公私書目、省府縣志、藝文序録益廣。其事固有出於古人之外者，固有出乎古人之外不可以古義例之者，亦固有出於古人之外而仍可以古義例之者，舉一以反三，範圍群言而不過，通乎古今之道而知，舍班氏則何由焉。孫子抑安，今世漁仲也。平生好章氏之學，積思造微，既於《諸子通義》發之矣。間涉諸家書目地志藝文之序例，窒焉而求其通，疑焉而求其解，別本公手抹去兩「其」字。萃不齊者而求其齊，參伍錯綜，一一皆於班書得其類例，都凡四十六科。蕃變在乎千載以下，規矩陳乎千載以上，市有平，不可欺，卷有師，不可背也。善已！余語孫子：例字別本公手改「字」爲「者」。蓋出自法家，西漢恒言比，東漢恒言例。蓋所謂名例者，具體於《法經》，及賈充、杜預，乃後定爲律首，而張斐明其義。譬《藝文志》於《法經》，子且爲班氏張斐乎？孫子盤辟而笑。乃書其語於策。時宣統九年歲在丁巳十月南千寐叟序。

石芝居士□□□□序 原鈔本公手書此題中闕四字，孫校擬爲《禮佛法門》恐未必然，仍闕以待考。

不可思議者《阿彌陀經》，不二法門者念佛三昧乎？游華嚴者於此證法界觀，禮法華者於此證究竟即，行般若者於此證實相，講涅槃者於此證法身。馬鳴唱於先，龍樹應於南，天親繼於北，西土聖賢，以此爲大乘之極致，此方末學，乃或疑爲淺近，不亦悲乎！禪宗曰即心即佛，微阿彌陀，或類墮不免異生。原鈔本作『則参悟爲頑空』，此依公手改。密宗曰即身成佛，微阿彌陀，即神變仍皆有相。兜率密嚴，非一非異。加持護念，不自不它。吾所會爲不二法門者如是。石芝居士，心心念佛，念念見佛，出其所自證者，與無量無邊阿僧祇大善知識共證，五濁世界，一真法界，彈指間耳。太歲在著雍，太陰在敦牂，月雄窒雌相，鴛湖梵持居士序。

瞿文愼公止菴詩集序

文愼公詩集印成，公子希馬吏部督序言。曾植負諸責於公，不敢辭。而感愴平生，疇昔文身顯密之乘除。今古之不可齊，將以訊異世，別本作『而不能無感愴於疇昔之言，將以訊後世』。文氣略遜，當係初稿。著其端，遂究其理說焉。昔者曾植與濤園論詩於公，植標舉謝文靖之『訏謨定命，遠猶辰告』，所謂『雅人深致』者，爲詩家第一義諦，別本作『曾植嘗論詩於公前，而標舉謝文靖之言「訏謨定命，遠猶辰告」，爲雅人深致者，爲詩家第一義諦』。而車騎所稱『昔我往矣，楊柳依依』者爲勝義諦。匪獨以是正宋明論詩者之祖師禪而已，別本作『匪獨以是正宋人論詩之祖師禪喻，漁洋之三昧喻而已』。有聖證焉。夫所謂雅人者，非即班孟堅魯詩義『小雅之材七十二，大雅之材三十二』之雅材乎？別本作『非即班固所謂大雅之材三十六，小雅之材七十二之雅材乎？』夫其所謂雅材者，非夫九能之士，三代之英，博聞彊識而讓，敦善行而不怠之君子乎？夫其所謂深致者，非夫函雅故，通古今，明得失之跡，達人倫政事，形之事變，文道管而光一是者乎？別本作『達人倫刑政之事變乎？』。五至之道，詩與禮樂俱，原鈔本『五』作『互』，『俱』作『但』，此依別本。準跡熄王降之義，雅體尊，風體卑，正樂雅頌得所，別本『正樂』上有『孔子』二字。不言風，有較四國之徽言，固未可與槃磵寤歌等類觀之而次列之。自四家師說略同。詩教衰而五言作，才性於漢魏之交，別本作『際』。清言於晉，新變於梁陳，風降歌謠，鏤畫者殆不識雅爲何字。至於唐之行卷，宋之江湖，聲義胥湮，而陋者復淆以宗門幻語，詩終爲小道也已。別本作『已矣』。嘗發此意於漁洋生日詩，公不余非也。濤園之言曰：宣王變別本無『變』字。正雅，侈中興，而變雅怨哀，亦唯此餘黎，別本作『子遺』。公手改『周餘』。遭際極艱而情蹙。周室大壞，與中興歲月距離，十餘年間事耳。吉日車攻，鏗鏘金石之音，未絕於耳者，忽變而爲躑躅悲鳴，南山瞻仰之歌嘆。家父、凡伯之徒，固繼跡方、召而黽勉從事者。吉甫頌江漢，而伯封賦別本作「泣」。《黍離》，不已悲乎！濤園論此，別本「此」下有「時」字。顏氣愀然。公起立欷歔，別本作「長嘆」。秋林回風，天宇蒼黯。去今忽忽五六年，公歸天上，濤園亦反道山，校録遺篇，疇昔之談，乃復棼輪渟溶別本作「搖」。於心目，悲夫！悲夫！世何自而有人，人何自而有知，寥廓別本作「闊」。宇宙間，復將焉置此四始六義之緒何等也？公詩集手自寫定，銀鉤之敏，墨瀋別本作「漬」。未乾，刪擇至精嚴，編年完具。平生於《選》學最深，故其風骨聲采，於唐若權文公，於宋若周益公，遭際懷抱，蓋亦略同。兩公皆壽考，優游園野昌其詩。公獨晚際滄桑，所謂超覽樓者，且邈若海上神山，別本無「且」字，「神」作「仙」。此依公改。原鈔本「神山」作「神仙」，誤。縹緲不可復即，山河風景，沉痛中腸。而思而不貳，終不改乎玉佩瓊琚之度。別本作「珮玉瓊琚，故訓威儀之度」。夫唯大雅，卓爾不群，公其近之。其容不改，出言有章，公允蹈之。惟此一編，其於謝傅稱詩，異世相發者乎？若夫文外之旨，《詩》義與《春秋》相表裏，所昔嘗接緒論於燕間，別本「間」下有「者」字。誠當別本作「尚」。有若謝公所謂深致然者。西州經過，輒有福不逮徐文貞，壽不逮張文貞之悲。千秋鄭箋，有待後來焉已。故吏嘉興沈曾植序。

章一山文集後序

章一山左丞所爲《康熙政要》，余昔嘗稱爲三十年來著述家第一有用書。聞者或然或不然，而然我說者，亦未必盡同我意，群言之淆亂久矣。三十年前，士大夫乘中興盛氣，抗心遠跡，堂堂躐唐宋而上。周官漢制，漢宋學者各有挾持，稱道以規治蹟，而無所憑藉，卒莽漾而有其志而無以成之。二十年來，物博蘖牙，異氣乘之，則固以眩亂回皇，愈益講求，愈益瀾潰，卒且愈華離畔散，率助於淫攻。蓋夫學術隳敝，余所隱痛捫舌而不可逝者。一山自號曰希方，夫以方氏王佐才，理學正傳，商略百家，靡不秩然昭然，足以開曉當世。劑其利害，猶以無所率循，不能有所設施以成治。在明初開創時，道一風同且然，況在於今，況事雜言厖之世乎！吾嘗以庭訓格言，瀆告於當世諸公，固猶夫一山作書之意。諄漠相睽，莫我聽也。人皆曰世變，夫孰知比樂師憂，井通困遇，兑見而巽伏，極深研幾之聖人，固已預知其來物而樹之大法，將極至於理盡數窮。率獸食人人相食，而后皇極之訓行，昭然復明於天下。夫又安知夫大九州之迴遼，九變之終，不且有東望而禮聖人，而且奉是書爲寶典者乎？蓋余昔論一山之著書如此。一山於文，氣充而志正，昌昌渾渾，其風裁亦往往於方氏爲近。居史館久，寔能稱其職。聖謨神烈，典儀故事，金匱石室之藏，天祿石渠之祕，凡所該覽，多有前輩所未見，吾昔日所未聞者。發憤嘯歌，吐氣若虹霓，亦未嘗有往而不復之聲。吾評一山文，又以謂非衰世文也。天且不終窮一山，黼黻建武，蔡郭宣王，吾昔兆之，今猶拭目俟之。長水寐叟識，時宣統己未九月。

缶翁詩序

余來海上，好樓居，居且十年。運會變遷，歲紀回周，春秋寒暑晦明之往復更迭，生老病死，成住壞空，壹皆攝聚於吾樓堂皇闌楯之間。晨起霧濛濛，下視萬家，蕉鹿傀蟻，渾淪無朕。仰而瞻大圜，雲彷徨乎？雷雨動乎？霒霾曀乎？日杲杲月穆穆乎？氣之色虹霓霞，其聲風，其香味觸沆瀣，朝霞淪陰，正陽玄黃，仙人道士所存想，浮屠之觀，非有非無，非非有非無，謝校云：『無』上似脫一『非』字。案手稿無『非』字。然詳文義校是。亦有亦無。心之喻不能形諸口，意所會不能文以辭。嘗以重陽與孤清居士倚闌四望，廣野木落，鴻鵠之聲在寥廓，喟然相謂，彙萬象以莊嚴吾樓，資吾詩，詩誠有其不可亡者邪？它日屬缶翁畫樓圖，圖成，草草不似畫，既裝褙而生氣迴出。余謂翁，子畫狀吾樓，狀吾詩已。翁數以長箋寫近詩遺余，其詩橫逸如其畫。已又贈予刻本詩集曰：爲吾序之。讀其集，吾樓之狀況，疑若亦湧現於翁廬也者。翁既多技能，摹印書畫，皆爲世貴尚，翁顧自喜於詩。惟余亦以爲翁書畫奇氣發於詩，篆刻樸古契周秦，其結構之華離杳眇，抑未嘗無資於詩者也。顧嘗擬翁詩以文太虛、孫太初。太初足跡徧天下，歸隱苕溪。翁出自安吉山中，仕隱徜徉，歸老於海上。遭世不同，而其詩情縱浪同，皆足以莊嚴吳興山水。安吉故鄣郡，吳舊稱山民爲山越。吾將佩翁以黃神越章，呼老友莊嚴吾樓，且以翁之聲音笑貌，詩懷詩況，參伍萬象，案別本作『詩況詩聲，參偶萬象』。助莊嚴於吾詩也。

濤園詩集序

拔可印《濤園集》竟，謁余爲序。余讀未竟，心悁悁不自得，謂拔可曰：詩道至今且大窮，作詩者未易傳，傳亦未易論也。就吾黨今日之所欲言者言之，而天下後世懵乎不知吾言之所存；而何論吾所稱之作者？言若是不可以已乎！濤園之詩，要當合其無韻之文字，平生議論，簡牘雜文，參伍錯綜，互相證，交相發，而後意匠所經營，所謂居要而警策，所謂詞高而意遠者，乃視而可識。其特工于發端，誠有若昔人所謂剝落數十重者；其稱古事以況今，亦往往別有會心，絕離尋常，心識徑路。自擘箋分韻時，合志同術者，倉卒且不能喻；欲自釋，而曲折不能詞達；而安得期諸異世之人，而安所得山谷之天社、荆公之雁湖，爲紬繹其旨，箋其字句，發其微，抉其隱乎？雖且妄意穿鑿之趙次公、蔡夢弼亦絕不可幾乎異政之國，異俗之家。詩以言志，志異者情異，哀樂異，恥尚異，所以樂出蒸成者罔不異。則今所謂警策，所謂工者，忽焉而師說泯不傳，終無由詔瞽者以五色之觀，而粉米絺繡與亂臬敝絮同量于幽國也，豈不唏欸！雖然，深者固不可以淺量，賾者固不可以粗理。王跡不熄，于人心悲慍戚嘆，自然品節之根，極不象帝之先者，其合緡緡不相知而自相籀引，則意若亦有兆焉。昔君偕余登鍾阜之顛，下視臺城，長江湯湯流天外，日落西山，草木異色，余涉憂患，多退思；君慷慨俯仰，倜然有陵轢一世之意。相與瞻眺吟諷，歸而就君齋讀君詩，磊砢豪宕多奇語，今集中往往佚之矣。余顧謂君：近人言同光派閩才獨盛，假有張爲圖者，太夷爲清奇僻苦主，君爲博解宏拔主乎？入室誰？及門幾人？君當時意氣遒上，頗自任，猶若有不足者。然晚歲歸自黔中，病後益氣平，默默鮮歡矣。而友朋夾持，吟事猶得不廢。嘗過海日樓，值余晝寢，舉蘇氏『睡起清風酒在亡』之句，余起相答，君遂抗聲誦終篇，至於『遙知魯國真男子，獨憶平生盛孝章』，真有若晉人所謂唾壺擊碎者。又好誦《左傳》子家子語，倨句抗墜，往而不復。余奇其意，亦不能盡其指也。世咸知君爲詩好用蘇詩、《左傳》語，舉兹二例，君所會於二者若何？後世讀君詩者用心若何？異代楊子雲，或不無取裁乎？余昔爲君作《濤園記》，頗以天風海濤之音，廣君意而達悲思；乃今復濡翰序君詩，兩篇淪瀾固亦交互而可相證發也。庚申六月，嘉興沈曾植序。

汪穰卿遺著題辭

頌穀刻《穰卿遺著》將竣，屬社耆問序於予。予展視不數葉，輒棖觸唏噓，不終篇而止，他日復展亦如之。芒芒（別本作『茫茫』，此從公手改。）然庚辛之際在於前，其事不能忘，其言不忍復也。余識穰卿於童丱之年，親見其困折於塾師，親見其困學，見其成業，見其爲大秀才，見其爲名孝廉，爲名進士，爲大議論家。日長炎炎不可止，而時勢推遷，愛惡攻取，廼困於葛藟於臲杌，困於從衡於游俠，紛紜絡繹，動心而忍性。名稱滿人間，志益湮閼，廼困於貞疾。凡兹遺書，則皆穰卿之呻吟語，邪民之方殿屎。噫！有熊氏三千年畏神服教之民之呻吟也。余與穰卿游蹤最密在庚辛之際，壬寅後不復見，迄辛亥而君卒。其死乎？其升乎？昆侖之虚，叫天而問有辭乎有訴乎？其纏緜固結之心，其復來此世而一宣抒乎？『秋墳鬼唱鮑家詩，恨血千年土中碧。』書至此，怳怳然原本無『然』字，依公手改本增。若穰卿嫛婗勃窣，搴幃入而有以告語余也。庚申陽月，李鄉寐叟題。

涉園叢刻序

張菊生參議創設圖書館於海濱，既廣羅祕笈古書，景摹傳世，復取張氏先世著書已刻梓而板亡及藏家未刻者活板印行，而屬曾植敍其指要。曾植受而讀之。曰《入告編》者，菊生世祖黄門君之諫草也。其賦詠爲《退思軒詩》，曰《賦閑樓詩》者，黄門之子皜亭先生所作也；曰《篔谷詩》者，黄門之孫葭士所作；曰《捫腹軒詩詞》，曰《藕村詞》，黄門曾孫青在、詠川兩先生所作也。附以《涉園賦詠》，總類之曰《涉園叢書》。涉園者，黄門君父前明孝廉大白先生讀書之廬，黄門致政歸而拓以爲園，國初諸老所題詠，而葉星期作記者也。張氏藏書目，有以涉園名，而所謂退思軒、賦閑樓、篔谷、捫腹軒、藕村者，皆爲園中齋館。張氏盛衰，園爲表幟焉。余惟黄門通籍在順治甲午乙未，其入諫垣，當在丙申丁酉之間。當是時，天宇闓明，朝廷出震齊巽之精神，與南北賢士大夫窮剝反復憂傷蕉萃之思，忽微相應，與黄門同甲偕升者，吾鄉若項眉山、楊自西兩侍郎，皆以儒林之秀，發抒意氣，卓然有所表見於當時。而黄門與仁和楊通政壎，同以言事受章皇特達之知，同於康熙初蒙先朝諫臣之褒禮。尊缶契合，曠世可思。而黃門章疏，剴切謹嚴，尤能糾官吏非違，曲折達民間疾苦，葆存元氣，其言簡質不支，其往復惻怛至誠，而絶無晚明臺諫詭激囂凌習氣。親政一疏，霜嚴日烈，出辭乃不溢錙黍，是其藴蓄可思，道直而履和，風采偉著於朝端。年力未愆，而遺情貞觀於邱壑，其襟抱尤可愛也。志稱黃門在工垣時，三藩不靖，軍需孔亟。計臣或有履畝加賦之議，黃門力爭，以爲不可，由是浙賦得循舊額。又言皜亭先生嘗以黃門議賦書入告，得如議。今此兩文，乃皆不載編中，無由見議事本末，惜哉！貞元之際，朝野同心，以謀減賦，嘉謨讜論，官書省志佚漏綦多。此二百年來閭閻樂利之保障，財政學之沿革樞紐，菊生所當訪求緝補者也。自皜亭先生以下四世，食德承家，澤躬爾雅，各能以文采自襮，不墜名家令問。施及菊生，蓋經世遭際，颺歷出處，榮悴之所更，懿迪前光，固當有異世懸感者，比量異同，若相類，若不相類，若不相類而相類。夫鄱陽形性之遺傳，互數百年，視而可識，而王、謝、崔、盧之儀範，不能不藉國運教澤禮俗制度以貞存。杞柳之喻，柏石之談，筠心柯葉之在人，古曰天倪，今稱天演。《詩》有之：『明發不寐，有懷二人。』菊生刻斯編也，吾知其籀誦而慕，思歸故里而臨睨夫園林址域，俛仰今古，其將且悁焉以悲，怔營長懷，而無由理遺也已。

陶廬六憶序

江陰金粟香先生，余叔父連州公同寮友也。才華幹用，早蜚譽於光緒之初。齒未艾而休官，世方泰而收身於夷儈，超然蟬蛻囂埃之表，獨以編述寄懷抱。所集《粟香叢書》，流布海內，迄今且三十年。讀其書者，幾若陽休之爲古賢人。然而先生方親魚鳥，樂林草，筆牀茶竈，朗詠長川，往來吴越之間，容常不衰，見之者又若《列仙傳》稱王叔經、郗元節然。毘陵自昔多奇士，先生所自得意，固非庸常所測識邪？先生自號陶廬，晚更自號曰水月主人。其所爲《陶廬雜憶》，前後凡六集，自鄉邦文獻，田園風物，交游聞見，心之所之，觸境成象，謂自抒襟靈也可，謂之達世變，懷舊俗，抑無不可。其專用七言絶句，又有似所南之一百二十圖詩者，平生微尚，其有在乎？先生今年七十有八矣，穀食少而能飲，步履輕矯，心意灑然。期頤之分，得於天益者，非人損所能攖。自今以往，水益澄，月益明，主人得一以永貞，先生且長樂無極老復丁也，憶無盡，壽無量矣！

全拙庵溫故録序

尤悔多端，七十而不能寡過。平旦氣定，反省惄然。吾先君署别號曰拙孫，見於日記，時年甫逾二十也。自吾曾大父以拙字詔後人，小子罔知，憧憧朋從，及今日而後憬然反本，不已晚乎！孟東野詩云：『庶全君子拙，恥爲小人明。』全受全歸，毋忝所生。勉諸！

卷二

跋類　上

論語孔氏本鄭注跋

《論語》鄭氏注《述而》至《鄉黨》，凡四篇，唐人寫本，出於燉煌石室，法蘭西人得之。羅君叔言得其景本後，以珂羅版印行，爲跋以識其後。據證致詳，而深以卷題孔氏本，與何、皇所稱就《魯論》爲注之說違異爲疑。余以《釋文》所稱鄭本校之，則陸所據與今合者，蒠、絞、愿、今也、純、韞匵、山梁凡七條。其不合者，『子疾病』，陸稱鄭本無『病』字，今有『病』字；『陳司敗』，陸稱『鄭以司敗爲人名，齊大夫』，今此作『陳司敗，齊大夫，蓋名禦寇』，則固不以司敗爲名；『叩其兩端』，陸稱鄭云『末也』，今無此文，且注言『動發本末』，則固不專釋端爲末；『下如授』，陸稱『魯讀下爲趨，今從古』；『瓜祭』，稱『魯讀瓜爲必，今從古』；『鄉人儺』，稱『魯讀爲獻，今從古』；『車中不內顧』，稱『魯讀車中內顧，今從古』。此數事，皆鄭所改正，犖犖大者，今本皆無之，則陸所見本非此本也。又《集解》所引鄭說，與此本義同而文有詳略者，不具論。其義解絕異者，若『富而可求』章注，『於我如浮雲』注，『子路使門人爲臣』注，旨意迥殊，不可和會，則何平叔所采，疑亦非從此本出者。又《隋志》稱梁陳之時，唯鄭玄、何晏立於國學，則皇氏不見鄭注之說，疑或未然。而《義疏》對上異同，略無一語。『怪力亂神』疏引或通及李充説，與鄭義同，而疏不言鄭；『三以天下讓』，范甯第二釋同鄭；『羔裘』『麑裘』『狐裘』疏説同鄭，而皆無一言及鄭。然則此鄭注，決爲皇氏所未見，非梁陳立於國學之鄭注，又可斷言也。愚案鄭氏《論語》注，見《隋志》凡三本，其一本題『《論語》十卷，鄭玄注』，一本題『《論語》九卷，鄭玄注，晉散騎常侍虞喜讃』，一本題『《古文論語》十卷，鄭玄注，梁有隋亡』。詳此三本，相連著録，決非重複。然則何氏陸氏所見者爲《隋志》著録第一本，爲張侯本；此卷則梁録所載《古文論語》注本，爲孔氏本。截然兩書，知其一，不知其二，披卷參讐，牴牾交錯，宜已。此書梁有隋亡，毋㬉《開元書録》亦不載。而此卷避唐諱，固唐初人所手寫，祕書内庫所佚遺，而西州有之，代越千年，炳然著見，孔壁真本，獨存天壤，豈非儒林奇瑞邪？至陸氏所謂『鄭以齊、古讀正五十事，大都以古正魯』，固宜著之魯本，不見於此本也。

跋王弼注老子

此書明代曾有刻本，藏書家罕有著録者，蓋人間幾絶響矣。聚珍板獨浙本最工整可愛，舊有一本初印者，留之粤東叔父處。年來復購二本，皆蘇本也。一以自隨，一與五弟藏之。《老子》宋後注家甚多，古注獨罕傳者，讀者所宜寶愛，不可動以清言詆王氏也。

書此在高郵舟中，後八日得明刻王注於廣陵書肆，信所見之不博，抑所欲隨心，固天所以慰其窮阨耶？辛巳正月六日記。

古人著書，無無爲而作者，王氏於靜躁語默之間，三致意焉。蓋有慨於泰初平叔、叔夜之事也。憂患之言，其歸乃往往近於平實。徒以詞筆簡雋，讀者遂以郭象注《莊》一例視之。郭豈得與輔嗣比哉。

《老子》文體，實宋人語録先河，分章實難。因分章而牽合説之，彌多困躓矣。惜抱有此論，惜所著章義，尚未得讀也。

書司馬溫公切韻指南後

此爲汲古閣所傳宋本石印者，與《四庫》所録元邵光手稿及原鈔皆奪『光』字，兹據《提要》增。祖本不同。光祖本圖二卷，檢例一卷，此不分卷，而檢例七頁列在圖前。其《辨分韻等第歌》，『端透定泥居兩邊，知徹澄娘中心納』，又云『中間照審義幽玄，精清兩頭爲真的』者，皆指等韻『二十五行圖』言之，與本書『三十六行圖』，灼然不合。則光祖所謂舊有檢例一卷，全背圖旨，斷非光作者，即指此七頁檢例言也。其『類隔音和圖説』，與《提要》所稱邵氏説不殊。據公自序，治平四年繼纂《集韻》，討究之暇，科別清濁，爲□□，以三十六字母列其上，推四聲相生之□，縱橫上下，旁通曲暢，宜爲捷徑，名之曰《切韻指掌圖》。則圖爲公所作，此圖公爲《集韻》作，以唐人等韻字母統古韻書音切，是公討究之旨也。檢例或公録舊文而未加考正，或後人因公書而爲之，皆不可知。潘次耕極詆等韻『二十五行圖』之謬，惜其未見公書也。原注：《宋藝文志》：司馬光《切韻指南》一卷。又《志》載邱雍有《韻源》一卷，夏竦有《聲韻圖》一卷，郭忠恕有《辨字論》四卷、《歸字圖》一卷。宋初諸公治小學者，皆及等韻，溫公沿其風習也。

宋本史記跋

此本爲北宋最初監本無疑。而避諱至仁宗，或疑爲嘉祐本。老子昇列傳首，或定爲大觀本。檢全本，刓字刓行，修改極多，若爲景德、景祐校後重刻，不應有此痕跡。《玉海》稱『淳化校三史』條，具列淳化分校、咸平覆校、景德刊誤、景祐校正詔命，而標題曰『淳化校三史』，注曰：『今所行止淳化中定本。』景德群書漆板云：『太宗摹印司馬、班、范諸史。』然則此爲淳化監本，景祐詔明言改舊摹板，不言重刻；若咸平重校四經，則直言重刻板本，又以南監所存南宋本《集解》照之，不惟行字數同，幅之高廣，字之結體，無不同者，直是覆雕此本。南監本是南宋監本，《玉海》所謂今行者也。向讀《玉海》此條，頗有蓄疑，見此刻本，乃大悟。原鈔本作『不悟』，手稿同，但文義不合。孫校疑爲『大』字，從之。舊本之可貴如此。

穆天子傳書後

《穆天子傳》多古文奇字，多闕字，疏釋者稀，尚不若《山海經》《竹書紀年》爲地理家古史家所引用。郝氏以道藏本粗校文字，亦不能有所發明也。然第四卷末里西土之數，固與《漢書·西域傳》《魏書·西域傳》大略相符；周尺短於後代，所謂『自宗周至於西北，原鈔本無『北』字，依《穆天子傳》增。大曠原萬四千里』，固當以里法折減算之。大曠原蓋當今里海、鹹海間之大沙漠，迤北以至烏拉山東吉里吉思高原。昆侖之丘，西王母之邦在其東，當今葱嶺東西、葱嶺南北、新疆內外，諸回部西夏氏邦。次東當今青海、河宗，又在其東，則今寧夏，迤及河套諸部矣。穆王之行，頗若有探尋河源之意者。卷一發軔漳水，絕鈃山而北，循滹沱。晉人將有事於河，必先有事於滹沱，此其始邪？河宗之部三：曰鄘人，河宗之子孫；曰陽紆之山，河伯無夷之所都；曰溫谷樂都，河宗氏之所游居。東西亘且千餘里。所謂天子飲於河水之阿者。其君子津與鄘邦，蓋跨河東西，漢雲中、五原諸原鈔本『雲中』下空三格，據別本補入。郡地，已涉今河套東部。陽紆之山，蓋包有今賀蘭山北高地，及南低地。所謂溫谷樂都者，甘涼南境與？西夏，蓋即《王會》大夏之西部所居，蓋漢以前月氏故地。此書無月氏，《伊尹》《獻令》，大夏、月氏，皆在正北方。其後積漸西徙，得非爲月氏所偪與？匈奴、月氏、大夏，皆北方種族，躡跡西徙，大夏開其先，月氏繼之，而後匈奴繼之。獨此書紀大夏未入西域以前故地，此爲地理學者最可寶貴之典證已。自黑水南行，而東還行程曰文山，曰巨蒐。皆去時所未經。文山即《禹貢》岷山，巨蒐即《禹貢》渠搜，已涉於河首之南，梁州之北，今青海、西藏交界之番地。東南還，復至於陽紆之東尾，約其地望，當在今寧夏之南，慶陽之北，近於宋人所稱横山，元人所謂六盤者。從此東南反宗周，於道徑直，而天子必仍沿河而行，反於鄘人，觴於河水之所南還，原鈔本作『旋』，傳文作『還』。旋、還雖通用仍傳文爲是。斵原鈔本闕，公校閲加□，據傳文補。多之汭，其地望蓋近今之包頭，原鈔本此句上有『古之君子津』五字，公校閲乙去。然《亞細亞雜志》日本西本白川《大儒沈子培》載此文，皆有之。從此升長松之隥，至于雷首，雷首與壺口山脈相接，蓋觀禹跡於孟門也。從此升太行，南濟於河，反於宗周。萬里之行，以黄河昆侖爲終始，而河宗柏夭，實兼懷訓鞮譯之司。兹傳之作，意其柏夭説之，造父、鄩父受之，太史書之而藏之者邪？明其義例，則此書與《禹貢》可相發，不爲荒誕也。其屬辭之例，若曰『珠澤之藪方三十里』，曰『春山，是惟天下之高山』云云，曰『赤烏氏』云云，曰『群玉田山』云云，曰『智氏』云云，曰『枝斯璿瑰琅玕』云云者，蓋河宗柏夭數典之言；若西膜之所謂『茂苑』，西膜之所謂『木禾』原鈔本作『西膜謂之木禾』，依傳文正。云云，則柏夭譯西膜之語。河宗氏語，固應與諸夏殊。西膜言又異河宗，其諸柏夭譯西膜，造父譯河宗邪？西膜音絕近須彌，或釋岷山爲須彌北麓，説自可通。愚意梵語雪山曰醯那跋多，雪山下曰呬摩怛那，醯那、手稿及原鈔本皆作『醯摩』，據上文自當作『醯那』，手稿蓋涉上呬摩而筆誤。原鈔本仍之，今改正。呬摩，音皆與西膜切合，而《括地志》稱雪山爲析羅漫山，羅是半音，析漫亦與西膜音合，則西膜者，雪山之國民與？漢西南夷之冉駹，亦即此西膜之同音異字與？河宗有河典，群玉之山有策府，是其國皆有文字，其《諸佛本行集經》

六十四種書之須彌北欝多羅拘羅書、須彌東逋婁婆毗提訶書之流類，而原鈔本無『而』字，據手稿增。《大唐西域記》素葉特書、吐火羅書之椎輪與？吐火羅爲大夏，大夏已見《周書·王會》《商書·獻令》，其通中國，在穆王前。粟特漢人稱僌侲，即《王會》之數楚，則謂穆王時已有素葉特書，非無稽已。書中尤可注意者，封膜書於河水之陽，以爲殷人主，是積石之西有殷民。赤烏氏先出自周宗，是春山有周民。西夏大夏，不見《禹貢》《夏書》，而見於《商書》《周書》，皆與匈奴相次。匈奴且爲夏后氏裔，則大夏西夏之爲夏民，豈待言哉。明於此，則拓跋之出於黄帝，安息之出於昌意，《唐宗室世系表》。以宋明經生目光視爲荒誕無稽者，由疏通知遠者觀之，固尋常事也。天子封□於昆侖，以守黄帝之宫；傳文作『天子□昆侖，以守黄帝之宫』。郭注昆侖下云：『此以上似説封人於昆侖山旁。』公蓋合注語言之耳。封長肱於黑水之西河，是唯鴻鷺之上，以爲周室主。赤烏氏亦爲周室主，此即秦人以鄭爲東道主，行李往來，供其困乏之例。於此可見穆王雄略，與漢武開西域用意略同。吾嘗謂齊景公『吾何脩而比於先王觀』，所謂先王者，即指穆王，其言至秦政實行之。而秦政由會稽溯江以《大儒沈子培》附録無『以』字。至洞庭，亦似有濫觴岷源志，將師穆王而行不逮者。《大儒沈子培》附録作『亦似有濫觴岷源，師穆王而不克至者』。以後準前，古今人意度，固不甚相遠也。

樊綽蠻書校本跋 自注云：或添一二三節作序録。

《唐書・驃國傳》稱南詔以兵强地接，常羈制之。據貞元中南詔朝貢挾驃使以俱來，而尋閣勸自稱驃信苴，信苴蠻語爲主，則尋閣勸自以爲兼王驃國也。開南、安西所部，遠皆達於南海。以《地理志》所記通天竺路互證，知非誇辭不實者。蓋驃之屬國，皆爲南詔屬國矣。驃即常璩《華陽國志》永昌所通之僄越，今之緬甸，理可不疑。依此書以三大水分畫緬境，蘭滄江流爲一部，其西岸爲驃地，東岸當是河蠻，又東即車里十三板納。《後漢書》所謂撣國者，唐世或爲獨錦蠻。書中於此，殊不詳晰。麗水即今怒江爲一部，其東岸爲驃地，西岸之西北則樸子蠻、望苴子、外喻部落，次爲茫蠻，次南驃地，極南至於兜彌伽柵彌臣。怒江入海之口，東曰漾貢，即此書之大銀孔也。西岸曰巴桑，或譯巴新，即此書之彌臣也。彌諾江流爲一部，即今圖邁立開河，東岸爲驃，西岸彌諾，即圖蒙尼瓦，《嶺外代答》所謂黑水淤泥河，本書于泥禮，今圖爲烏曩河者，皆在此流域中，越絨麻山而至阿剌干，疑亦彌諾國地，故通天竺路，經彌諾麗水，而西至大秦婆羅門也。以《元史・地理志》金齒六路約之，柔遠、茫施二路，當在北緬怒江兩岸，自茶山里麻以至繆江流域，望苴子，即今老卡子；外喻，即猓猗野人，茫施在此書施蠻諸部中，蓋統今猛拱、猛養、猛密、繆江以西諸部，皆唐茫蠻所居也。其柔遠路西云鎮西，似即蒙氏安西故地，已在怒江西邁立開江之外。鎮康在柔遠南，非騰東南道之鎮康也。鎮康之西爲建寧，當已入唐世彌諾北界。其平緬路在柔遠南，所屬曰驃睒，曰羅必四莊，曰小沙摩弄，曰驃睒頭，爲驃故地，即今緬都一帶無疑。麓川在茫施東，最近騰邊，殆此書唐封、川茫、天連、越睒及開南城所屬諸部也。

元世疆理滇南，仍以段氏爲總管，信苴日在至元之世，主滇事者二十餘年，不惟滇州縣悉沿南詔舊名，即徼外諸夷襲舊名與此書同名者，亦仍不少。金齒驃、黑爨、茫施、徙麼徒，皆唐世舊稱，州部曰驗睒，亦舊俗也。史地志敍金齒以西土蠻八種，云異牟尋盡破群蠻，徙其民而取其地，南至青石山，與緬爲界。及段氏時，白夷諸蠻，漸復故地。是後金齒諸蠻漸盛，蒙氏安西，開南城戍，殆皆廢棄於是時。然其地爲南詔舊域，十一總管固知之，故元世建茶罕章以統滇之西邊，其戎索當及阿薩密；建八路以統南邊，其戎索包有北緬怒江以西諸部之地，幾盡得蒙氏舊疆，非若明人畫於麓川而止也。元世所謂白夷，頗疑即是彌諾種民，此書所謂彌諾面白而長者，與黑爨有別，與金齒亦有別也。南詔界南至青石山，明人無言及者，遂泯然不可復考矣。

讀元祕史後記

幼時讀《潛研堂集·元祕史跋》，恨無從得其書，尋知楊氏已刻入《連筠簃叢書》中，然全帙昂貴，無力致之也。此單行本偶從廠市得之，驗其紙墨，猶是楊氏書初出時所印者，展卷快讀，頗有得荆州之喜。楊氏刻《西游記》後附程、沈、董三釋，讀者了然於古今地名譯音同異，此獨闕如，殊以爲恨。今以視記所及，略識一二，張石洲《蒙古遊牧記》中屢引此書，多有詮釋，亦滙録之。不知蓋闕，聊備異時之忘失焉。不兒罕山者，今之巴爾哈也山，胡刻地圖有此山，在巴兒哈河之源，李、鄒二刻無之。據都蛙兒上。不兒罕山望見統格黎水，而不忽合塔去順斡難河行至統格黎河邊，知不兒罕山在斡難河源之東甚近。太祖初起之時，周旋於敖嫩、克魯倫二原之間，東不能至呼倫貝爾，西不能過土剌，不兒罕山是其根本，王汗方强，豈能雀巢鳩據乎？故知張氏謂不兒罕即今之汗山非也。乞沐兒合河者，今之齊母兒哈河。據《祕史》云：西通斡難河。按之今圖，地理吻合。札木合所居之豁剌豁納主兒不，蓋即第厶卷阿亦惕合剌合納在乞沐兒合小河，然則札木合所居在今齊母爾哈河也。據《祕史》稱帖木真即札木合分離自阿亦惕合剌合納起，知非二地矣。主兒不疑即《遼史》阻卜部，據皮被河即琵琶川，又即契丹所居之白貔河。白貔河或謂白狼河，舊指爲老哈，張氏有辨甚確。愚謂白狼河自是大淩河，白貔河自是老哈河，準其地望，晝然有别，白狼定爲大淩，不能再指白貔河爲大淩也。據《遼史》皮被河城南距上京千五百里，而自齊母爾哈至多倫貝爾，相去亦不過如此，阻卜之爲主兒不，情事可信，但單文孤證，一時不能定耳。譯文多上不同，蓋全不全之别，亦或倒字，或係異名。額亦惕合剌合納者，殆猶今之華額爾齊斯汗騰格里耳，疑未能定也。下有訶闊兒禿主兒不，知豁剌豁納爲係主兒不合名矣。札木合、泰赤烏所居，蓋皆在敖嫩河、克魯倫河上流内外，當與太祖雜處，故太祖自齊母爾喀至僧庫爾，而泰赤烏驚起其東。烏爾匝河、鄂爾順河，則皆塔塔里所居。浯兒札河者，烏爾匝也。兀夫兒溫河者，鄂爾順也。捕魚兒海今之貝爾池，貝爾今譯或作布伊爾。闊連呼子者，今之呼倫池，呼倫今譯一作枯倫，對音皆相合也。此已入今東三省地，故金人征塔塔里矣。塔塔里與達達，自是二種，書中分晰昭然。當時書如《蒙韃備録》《金國南遷録》，亦自分曉，後人或乃不知矣。

蒙古源流事證跋

此書自《四庫》著録，爲卻特史學者視之，與脱必察顔聲價等。顧自嘉定錢先生以來，徐、龔、張、何以及近時李、洪諸家，於《祕史》《聖武親征録》，穿穴疏通，詳前人所未詳，發前人所未發，各已成一家言。獨此書僅各就可資證佐者，摘取斷章，未有綜其全書而理董其緒者。今略就所知者箋之。癸丑用王氏抄本校一過，朱筆諸氏本從滿、蒙、漢三文合刊本録出，又勝王氏，又多從之。

徐靈府天臺山志書後

遵義黎氏所刻日本舊鈔卷子本，詳其字體，雖草草，猶有唐經生筆意，殆日本人唐世書也。《志敍》柳使君紫霄山居，謂憲宗十三年，自復州石門山徵授台州刺史，不至郡，便止山下，領務備藥，後渾家於丹霞洞隱仙也。柳使君即柳泌，爲皇甫鎛、李道古所引，憲宗服所鍊金丹，躁渴日甚者。

《舊紀》詔付京兆杖死，而此云隱仙，與紀不合。而於詔中所稱『自知虚誕，仍即遁逃』者合，則泌固幸逃國憲。抑憲宗晏駕多諱詞，泌之免，或庇之與？書家傳白雲先生授右軍書訣，此以白雲先生即司馬承禎，述其授受甚詳，可謂奇誕。靈府略知今古，爲此說，可怪也。劉晨、阮肇，夏禹時人亦異聞。書劉晨爲劉日成，則誤析晟字爲二耳。

經世大典西北地圖書後

元《經世大典·西北地圖》，在《永樂大典》中。魏默深得之，傳於《海國圖志》，而譏其方向差殊，不可信用。植以《元史》、《明史》、邱處機、劉郁、陳誠所記驗之，地名方位，往往合符。知此圖寔可依據。《圖志》後刻本去之，殆因月祖伯分地，圖中最略，不可考俄羅斯沿革故耳。未可以其一失，廢其它善也。此圖與《元史·地理志》西北附録，文字一同，知附録所據爲原本者即此。而志於諸王分地，標目有訛文，可藉圖正之。亦有志有其地，而圖無之者。圖既屢經摹寫，展轉脱失，又當以志補之也。圖之最異而不可通者，置四正於四隅。然古者周髀之法，以笠寫地，至今續地圖猶用之。設自北極抵赤道爲平圖，北宗北極，南以赤道爲界，命阿羅思爲北極之下，則自此下引，第一綫爲中綫，南北直行，以次而東，則以次斜迤，而自北極所出南北直行之綫，其方向皆漸變從西北而抵東南，去第一綫愈遠，則其西北東南愈甚，而居此綫左右者，東亦移向於東北，西亦移向於西南矣。《皇輿圖》之天度斜綫，即是此法，而仍有方里直格，與之並行。原注：乾隆中滿漢字地圖，則天度用直綫，無方里直格。疑此圖本法，亦如《皇輿圖》有斜綫，有直格，摹者不解其意，留直而去斜，又不解南北易向之由，仍存其四隅之舊識。據直格以觀斜綫之向，又不能得斜綫之中綫果在何方。則其向易迷紊，端緒不可尋，固所宜矣。元代地圖多出西域，據河源附録，知朱思本之圖，本於帝師家之梵字圖書。而周達觀《真臘風土記》言聖朝據西番經，名真臘曰澉浦只。所謂西番經者，殆亦圖經之類。是朝廷詔命且用之，《大典》之圖，北不及別鈔本作『盡』。海都所封，東盡沙州，西北月祖伯封地闊略，而獨詳於回回故地篤來帖木兒、不賽因二人所封，其必爲回回人所繢無疑也。西域爲自古中國戎索所漸被，而漢唐舊圖，泯無遺跡。獨辨機《西域記圖》存於《佛祖統紀》中，亦出後人繢補，非其本製。此圖遠有本原，與史籍相應，而不賽因所封即今波斯地，其詳數倍於利瑪竇、南懷仁之圖。偶以微疵，屏不見省，不亦惜乎！今條其可考之迹，參互群書，證以今地，方域城邑，炳然可觀。誠不敢自謂創通，擁篲清塵，以晞來者，將於通敏有厚望焉。光緒丁亥仲冬，研圖注篆之廬書。

書西域水道記卷四後 以公手稿字跡推之，蓋四十歲前後作。

《西域水道記》四，巴勒喀什淖爾所受水篇云：『科河在阿里瑪圖溝西十五里，南有回部王吐呼嚕克土木勒罕墓。回人《庫魯安書》云：「其部初有女子，曰阿郎固庫魯勒者，天帝使一丈夫向女吹噓白氣，感而有身，生子曰麻木哈伊項，爲回部王。傳至三世，習蒙古法。又傳十四世，爲吐呼魯克吐木勒罕，年二十二，嗣爲國主。後二歲，獵於阿克蘇，遇回人授派噶木巴爾法。返伊犂，又有回民七人者，來教其部衆，遂盡返舊俗。在位十年卒。有滿克國回部長，以四十槖駝負滿克國土，爲建此塚，刻墓門記。」』營造之年，徐氏以回回術上推之，當元順帝至正二十年庚子歲。按《水道記》云：回人史書曰陀犂克，字書曰阿里，卜醫書曰惕普奇塔普，農書曰哩薩拉，占候書曰魯斯納默，梵書曰庫魯安。庫魯安書，謨罕默德所造回教之聖書，《海國圖志》所謂《可蘭經》；近西人譯謨罕默德事，所謂《咕嘞經》者是也。麻木哈伊項，或疑爲謨罕默德之异文。原注：謨罕默德，或作馬哈木，而伊項近可汗轉音，故云。然西人譯謨罕默德事，神奇甚多，絕未及其降生一字，而庫魯安既謨罕默德所造，亦不容紀及元時。蒙古無教法，所云傳三世而習蒙古法者，語蓋無當。三世而接蒙古，十四世而至元末，則所謂麻木哈伊項者，至遠不過南宋世，其去謨罕默德世遠矣，非一人必也。欽定《西域圖志》回部世系，其始祖第一世青吉斯汗，第二世察罕岱。青吉斯即成吉思，察罕岱即察阿歹。魏源所言，事證明顯。其三世以下，於元世，《宗室世系表》無可徵。然回部舊傳，自當可信。《元史》諸王，見本紀者，表多不具。肅州《文殊寺碑》紀嗣義合歹位諸王五世，檢表無一人，於此正同一例。《圖志》世系内第十世爲特木爾圖胡魯克，與《庫魯安書》之吐呼嚕克、吐木嘞罕，蓋即一人。吐呼嚕克，即圖胡魯克，吐木嘞即特木爾，特沐爾爲嘉語，繫之於下，或繫諸上，蓋蒙語回語之不同。此人既元代宗王，則彼書之阿郎固庫魯克，即《祕史》阿闌豁阿，人名事跡，一一相合，蓋無疑也。原注：

阿闌豁阿，《元史·本紀》作阿蘭果火，譯改阿蘭果斡，《源流》作阿掄郭斡。此注文手稿作正文，原鈔亦然。公手校時上下加括弧，則作注文矣。從之。又案手稿止此，下文改本未見，原鈔多誤字。公改正四處，無關大要，不復出。愚嘗謂黄帝之後爲鮮卑、匈奴，淳維夏后苗裔，允姓之戎西徙爲月氏，昆侖以東，其它白狄、犬戎、氐羌，溯厥初生，蓋無非炎黄之胄。《世本》亡而中國史官不能紀遠，失其系世者多矣。徵信譯鞮越哉。蒙古之先，蓋亦匈奴同族，史所謂時小時大，别散分離者，徒以資文字於西方，服其教，遂至忘其祖而謂他人祖。喇嘛莫以爲鶻窣里勃野系，阿渾莫以爲摩訶末系，曾不能自申其脱卜赤顔之説以折之。可喟也夫！

秦邊紀略書後 以手稿字跡推之，蓋四十前後作。

此書紀載詳密，所言皆得之親歷，公別一手稿無此句。此篇公有兩手稿，一爲草稿，即原鈔本所自出，一爲清稿，與草稿不同，互有詳略，不知孰先孰後。惟公最後改定，則據第一手稿也。兹將别稿異文，分注於下。爲地理家有用可據之書。祝囊别稿無此二字。懷阿兒理之徒，後皆革面懷音，世世保邊，戢别稿作『守』。我戎索。當别稿『當』上有『然』字。康熙三十年以前，别稿無此句。三藩未戡，噶爾丹未翦，諸夷部落繁多，别稿作『夷落繁多』。雜處近塞之間，積薪厝火之慮，别稿作『雜處近塞厝火積薪之慮』。不獨西邊諸帥心危，觀當時聖祖諭别稿作『詔』。旨，亦未嘗不内紓神祢也。談掌故者，溯西邊舊事，至烏闌布通而止。豈别稿作『詎』。知賀蘭、青海之間，夷情尚有如此曲折。别稿作『反側子正不少』。微此書覼縷記述，别稿作『微此書紀述之詳』。不獨當時情勢不彰，別稿作『不獨事迹闕然』。亦何據以闕詔旨之微意哉？別稿作『亦何由闕詔旨招懷微意哉』。作書之人，不自署名，《四庫》著録，別稿作『不署名，自《四庫》著録』。已不能考其時代名氏，別稿作『已不能考其本末』。吴氏刻本，蓋與閣本同。吾友李越縵御史別稿作『侍御』。得一抄本，卷端署《灰畫集》，有李恕谷之弟李培益谿自敍，稱從博野令趙君所得見江右黄君所集《秦邊紀略》三卷，於西秦恢復驅逐之策，若數一二而道黑白，抄附於所集萬季野《經濟説·九邊》、王崑繩《輿圖指掌論》之後，爲《灰畫集》之第十九、二十、二十一卷。其書首署江右黄君親睹閲歷，亦不著黄君名。手稿『閲歷』下空一格，下云『不著其名』。別鈔本公手添『亦』『黄』『君』三字，此據別鈔也。蓋培亦不能確知爲何人。別稿『卷端署《灰畫集》』下，與此大異，其文云：「有李培自敍云：『江右黄君所著《秦邊紀略》，於西秦恢復驅逐之策，若數一二而道黑白。恕谷兄從博野令趙君得之，培因抄附於所集萬季野、王崑繩書後，爲《灰畫集》之第十九、二十、二十一卷。書首有《全秦邊衛敍》一篇，不著名，疑即作者所自爲。有趙用熙識語，有耐安氏識語。耐安氏之言云：《秦邊紀略》者，江右黄君所集也。黄君忘其名，久居秦督佛公幕府，請於秦督，親巡歷視，期年而彙成書。乙亥歲，劉繼莊先生攜是書來，姜子發録出，癸未歲復從鈔之。』考乙亥爲康熙三十四年，癸未爲四十二年，《灰畫集序》則成於雍正六年。李培得書於趙用熙，趙得自耐安，耐安得之祝棠郵、姜子發，而祝、姜所録本，出劉繼莊。作者名隱不傳。」多録原文，不加翦裁，較此爲詳。且此下文有秦督佛公幕客云云，若不載耐安氏識語，則語無所承，似應補入。書中有劉繼莊語。別稿無此句。李仲約學士別稿『士』下有『嘗』字。疑爲明世之遺民，記一書言是彭躬庵輩所爲。躬庵嘗游秦中，別稿無『中』字。然著書無明證別稿作『其著書則無左證』。吾弟子封，據《廣陽雜記》，別稿作『常據劉繼莊《廣陽雜記》』。『常』當爲『嘗』之譌。以爲此即梁質人之《西陲今略》也。記言『梁質人留心邊事，遼人王定山，名燕贊，爲河西靖逆侯張勇中軍，與質人相善，質人因之盡歷河西地，著其山川險要，部落游牧，彊弱多寡離合之數，洞若觀火，爲一書，凡數十卷，曰《西陲今略》。在都門見其書，而未及抄，每與宗夏言，以爲憾。壬申春，與質人遇於星沙，辛未二月，夜以繼日，了此一願。書凡五冊，凡五百餘紙。節繁撮要，亦不敢太略，計蠅頭小草，一紙可括其三四紙，二十餘日而畢。別稿『王定山名燕贊』下，與此多參差，其文云：『與質人相善，同在張靖逆所，靖逆以軍政委梁質人，因之得盡歷河西地，山川險要，部落游牧，彊弱多寡離合之故，洞若觀火，作一書，凡數十卷，曰《西陲今略》。辛未二月，與質人遇於星沙，借鈔其書，以小草一紙括其三四紙，原本凡五冊，五百餘紙，節繁撮要，亦不敢太略，凡二十餘日而後畢。』此云『壬申春與質人遇於星沙，辛未二月，夜以繼日，了此一願』。辛未爲壬申之上一年，壬申春與遇，何以上一年二月得抄其書，別稿是，應檢原書改正。近疆夷地，及諸夷小傳，皆録畢矣。尚有一冊，乃西域諸遠國及籌邊方略，皆質人未定稿也。別稿作『乃質人未定稿』。此則俟諸异日。別稿無此句。縱有餘力，亦不必寫，而余書已成完璧』。又一條云：『料理《秦邊九衛圖》，著色別稿無此二字。畢，丹碧燦然，亦可喜也。別稿無此句。雖未盡余胸中境界，然山川之阨塞險要，驛站之遠近迂直，兵將之所駐扎，外夷之所游牧，已纖悉備具矣。』據繼莊所稱，近疆夷地，諸夷小傳，全與此書體例合符，而所謂尚有別稿無此二字。未抄一冊，乃西域諸遠國者，正指今吴氏刻本卷尾之《西域土地人物略》一篇。據《提要》，閣本亦有之。別稿無『據《提要》』三字，作『此篇閣本亦有之』。而李本獨無此，可徵李氏所傳，即劉氏手抄之本，彰彰不疑矣。別稿『獨無』下作『然則李氏所傳之本，即劉氏手節之本，改題曰《秦邊紀略》，疑即劉氏爲之』。而所謂江右黄君者，即梁質人之轉展傳訛，別稿『黄君者』下，作『其人寔是梁質人』。黄梁別稿『梁』

下有『與』字。音近致訛。張靖逆幕客，別稿此下有『與』字。秦督佛公幕客，事近致訛。抑其中資質人游歷者，本有王燕贊其人，而劉繼莊之弟子別稿作『繼莊弟子』。黄宗夏，或亦參預傳書之事，由斯致誤，亦未可知。別稿作『黄宗夏預録《西陲今略》事，口耳相傳，緣斯誤訒，亦未可知也』。姚椿《通藝閣文集·顧祖禹傳》云：『魏禧弟子梁份傳禧學，爲《秦邊紀略》，有書無圖。劉湘煃嘗得一圖，與份書宛合，而與《方輿紀要》多牴牾，湘煃合訂爲《秦邊紀略方輿紀要圖考》一卷。』別稿作『姚春木《通藝閣文集·顧祖禹傳》後附記梁份、劉湘煃事云：「份，魏禧弟子，傳禧學，著《秦邊紀略》，有書無圖，湘煃得以校梁書，宛合，而與《方輿紀要》多牴牾，乃合訂爲《秦邊紀略方輿紀要圖考》一卷。」』。姚氏謂此書爲份撰，其言當有所受之，別稿作『然則此書爲質人著，昔人固有知之者』。湘煃所得之圖，原稿原鈔『圖』皆作『書』，此從別稿。據上文『劉湘煃嘗得一圖』，則作圖是。疑即繼莊書中之《秦邊九衛圖》也。別稿無『也』字。《雜記》本排日記纂之書，其別稿無『其』字。料理《九衛圖》一條，適在抄《西陲今略》條後，而九衛云者，又與《紀略》篇首全秦邊衛之名相涉，則紀略本有圖，可意得也。別稿作『《紀略》有圖』。梁質人本韓非有幕別稿無此字。客，嘗爲使吴三桂乞師，其後隱約終身。劉繼莊之爲人，謝山亦有隱名避讎別稿作『避人亡命』。之疑。別稿此下有『其人蹤跡，皆卓詭不可測』。康熙朝文網闊疏，朝廷賓禮遺民，而別鈔本『而』字公手乙去。諸公咸跌宕京師，王公等迎爲上客。及雍正後，文字之獄數興，而著書傳書之人，多湮没其迹。前賢名氏，原稿無此二字。噉於狐貉者多矣。原稿止此。別稿此節作『康熙間，朝廷優禮佚民，諸人偃然爲王公上客，無所疑忌。其後文字之獄數起，而著書傳書者，多隱没其迹以避禍矣』。因吾弟之言，冬夜排尋，鉤稽得此，似可爲定論也。別稿作『閣本無卷首諸人識語，當即由采進時删去之。顧其書名重人間，故鈔傳獨夥。由是言之，《提要》所謂不知作者，未必其真不知也』。

譯刻中亞洲俄屬游記跋

曾植始於癸巳春見此書於順德李侍郎齋中，侍郎以批本見示，屬更詳考。因籤記數事於卷中，未能盡意也。其秋從事譯署，奉南海公命，校刻是書，排比衆說，愚管亦附存焉。凡簡端所録，皆順德侍郎說；書中夾注者，朱孝廉說；加按字者，曾植當時所籤記也。書中輿地古事別有考，兹不羼入。光緒甲午孟夏，嘉興沈曾植記。

影宋本重詳定刑統跋

標題《重詳定刑統》，考《宋·藝文志》著録刑統二種：其一曰張昭《顯德刑統》二十卷，爲周《刑統》；其一曰竇儀《重詳定刑統》三十卷，爲宋《刑統》，即此本也。晁、陳所録，皆此本。陳記范質建議始末。周《刑統》行於顯德五年，宋《刑統》成於建隆四年，皆在質爲相時。然則主其事者實魯公，成其書者，法官蘇曉、奚嶼、張希護等，儀特以判大理寺專其名耳。此書除天一閣藏本外，諸家目絕無著録，雖中祕亦無之。此本即天一閣藏，今歸南潯劉氏，可謂海內孤本。然檢明

《文淵閣目》，有《唐刑統》一部，三冊闕。《宋刑統》一部，十冊闕。《宋詳定刑統》一部，八冊闕。則閣中存本尚多，何以明人私録閣本，范氏外，他家竟略不留意，豈刑法類書，不爲藏書家重邪？書爲影宋鈔，徵字缺筆，刻本蓋已在仁宗以後。每半頁五行，行大小字，皆十八，條内文句，同唐律門。則間有全條删去者。某氏朱筆旁注云：『此非删去，移在上卷耳。』如卷第十唐律題職制中旁注曰：一十九條。刑統則首行署卷第十，旁注職制律，第二行大字書八門，小注云律條十八並疏，令條一。所謂律條十八者，删去唐律制書誤輒改定一條，某氏注云：『刑統此條在卷第九内。』令條一者，新增準公式令，諸寫經史群書及撰録舊事，其文有犯國諱者，皆爲字不成一條也。八門者合十九條，某氏注云：『當作十八條。』爲列表如左：《刑統》目在上，《唐律》目下。

卷十　八門

誤犯宗廟諱　奏事及餘文書誤　應奏不奏　代官司署判

唐律　上書奏事犯諱　上書奏事誤　事應奏不奏　事直代判署

出使不返制命　唐律　受制不返

匿哀　聽樂從吉　冒榮居官　委親之官　冒哀求仕　父母被囚禁作樂

唐律　匿父母夫喪　府號官稱犯名

指斥乘輿　唐律同

驛使稽程　驛使以所齎文書寄人　文書遣律　乘驛馬

唐律 驛使稽程　驛使以書寄人　文書應遣驛　驛使不依題署　增乘驛馬　乘驛馬枉道　乘驛馬齎私物

在外長官使人有犯　唐律 長官使人有犯

輸納符節遲留　唐律 用符節事訖

公事稽程及誤題署　唐律 公事應行稽留

卷十一　六門 律條十七並疏　格勅條八　起請條一

奉使部送雇人寄人　唐律 奉使部送雇寄人

長吏立碑　唐律 長吏輒立碑

請求公事 曲法受財請求　唐律 有所請求　受人財請求　有事以財請求

枉法贓不枉法贓 强率斂。此率斂是勅文　唐律 監主受財枉法有事先不許財

受所監臨贓 乞取强乞取贓　監臨內受饋遺　監臨內借貸役使買賣　游客乞索

唐律 受所監臨財物　因使受送饋　貸所監臨財物　役使所監臨　監臨受供饋　率斂監臨財物　監臨家人乞借　去官受

舊官屬　挾勢乞索

律令式不使於事　唐律 稱律令式

卷十二 戶婚律　十門 律條十四並疏　令式勅條十五　起請條一

脫漏增減戶口 疾老丁中小

唐律 脫戶　里正不覺脫漏　州縣不覺脫漏　里正官司妄脫漏

僧道私入道　唐律 私入道

父母在及居喪別籍異財 居喪生子

　唐律 子孫不得別籍居父母喪生子

養子 立嫡　唐律 養子舍去　立嫡違法　養雜戶爲子孫

放良壓爲賤　唐律 放部曲爲良

相冒合戶　唐律同

卑幼私用財 分異財產　別室異居男女　唐律 卑幼私擅用財

戶絕資產　唐律無

死商錢物 諸蕃人及波斯附　唐律無

賣口分及永業田　唐律 賣口分田

檢『戶絕資產』及『死商錢物』二條，一準喪葬令，附以勅條起請，一準主客式，附以勅條起請，並非律文。《刑統》與律文並列爲十門，非也。然元本《唐律疏議》後附釋文，出『覸望』二字，實釋戶絕條『開成勅如有心懷』，手稿及原鈔本皆無此字，依某氏墨筆校增。『覸望』又出『埋瘞』字，則釋死商條『戶部奏請量事破錢物埋瘞』之文。豈此山貰治子釋文所據之本，《唐律》已與《刑統》淆邪？王元亮表，無此二條。

卷十三 戶婚律　九門 律條十八並疏　令勅條七　起請條五

占盜侵奪公田　唐律 占田過限　盜耕種公私田　妄認盜賣公私田　在官侵奪私田　盜耕人墓田

典賣指當論競物業　唐律無

婚田入務　唐律無

案刑統二條皆雜令非律文亦不應列爲二門。

旱澇霜雹蟲蝗 部内田畝荒蕪。某氏校作『田疇荒蕪』。

唐律 部内旱澇霜雹　部内田畝荒蕪

課農桑　唐律 里正授田課農桑

給復除　唐律 應復除不給

差科賦役不均平及擅賦斂加益 輸税違期

唐律 差科賦役違法　輸課税物違期

婚嫁妄冒 離之正之　唐律 爲婚女家妄冒　有妻更娶　以妻爲妾

居喪嫁娶　唐律 居父母喪嫁娶　父母囚禁嫁娶　居父母喪主婚

《唐律》元本，律文頂格，次行低一格，冠以『《疏議》曰』三字，黑地白字，以下爲《疏議》。此《刑統》律文亦頂格，次行亦低一格，而析《疏議》爲二，如奉使部送雇人寄人條，律文『諸奉使有所部送，而雇人寄人者』至『仍以綱爲首，典爲從』。凡律文，頂格四行，次低一字，黑匡白文，疏字下云：『諸奉使有所部從而雇人寄人者杖壹佰，闕事者徒壹年，受寄僱者減壹等。』全録律文。其下接以黑匡白文『議曰』字，其下雙行小字，則《唐律疏議》文也。無增減異同。此節凡五行，其下提行，仍低一格，大字書。又曰：『即綱典自相放代者笞伍拾，取財者坐贓論，闕事者依寄僱闕事法，仍以綱爲首，典爲從。』律文下接黑地白字，『議曰』以下，雙行小字，亦即《唐律》之『《疏議》曰』文也。驟視之，若疏議爲二，其實疏字下文，即諸經疏之厶厶至厶厶一本作『某某』。厶即某字，見《穀梁傳》釋文。之標目；『議曰』如諸經疏之『正義曰』，諸經疏黑地白文，疏字作大字居中，厶厶至厶厶及『《正義曰》』皆爲雙行小字，眉目較清，《刑統》標目，大字録全文，議作雙行小字，若二事然，不及經疏眉目清晰也。其目下所謂令勅格者，如準厶厶令，準厶年勅，厶年勅格者，皆低一字書之，所謂起請者，令勅後低三字書『臣等參詳請』云云，即竇氏所詳定矣。

考《南雍志》：『書板，《唐刑統》三十卷，存八十六面。』是南雍板題作《唐刑統》。《文淵閣書目》：『《唐刑統》一部，三冊，闕。』蓋即南雍本。唐無刑統，頗疑南雍本亦元人所刻，誤加唐字。如元刻疏議稱故唐律也。此本題『重詳定』，自是宋世舊題。閣第三本，當與此同。然第十二卷至十三卷六頁，板心獨有《刑統》卷十二三字，魚尾上有字數，魚尾有刻工姓名，第十三卷後半及十卷十一卷十四五卷皆無之。范所影抄，蓋非一本。

書道光乙酉科福建明經通譜後

右《道光乙酉科福建明經通譜》，是當時坊間所刻。眉間墨筆，先司空公手跡也。光緒丁丑在粤，與六弟檢書舊篋得之，乞於先叔父連州公，携以歸。南北宦游，經今四十年，幾不復省憶。今春偶得林文忠與司空公書牘數通，吾宗濤園中丞爲作跋，鉤稽年月，推求詳核，因爲述文忠遺事，又述在閩所聞某老人説司空公在閩遺愛聲迹，言張亨甫得罪於某公，謄書制府，扼其應試，司空公卒拔取之，大得士林稱頌。植生晚，未能溯家世舊聞，顧竊意秋闈糊名易書，闈中固無由知孰爲亨甫，雖有忌者，技無所施。顧既言之鑿鑿，事必有緒。及繙此冊，乃知亨甫爲是科明經，非孝廉，孝廉卷無由知。明經卷，校等第，考聲實，忌者蓋以是中之。是時督閩者孫平叔先生，魄力宏大，而司空公衡鑑至公，不爲形勢所搖，宜其事爲藝林所記。先君子都水公與叔父編次年譜，於在閩會考選拔獨詳，而於紳士贈行，刊爲《輶軒鼓吹集》四卷，注中録其序文，有『至於選舉拔萃，益勵夙心，蓋近溯百年之貢太學。無如此一時之多寒畯』云云，語意與老人言至相近。其中自必有事在，或當時且不止一亨甫，未可知也。濤園又述老人言，謂光緒中閩人士曾議建三沈公祠，謂乾隆中督學沈椒園先生，道光中督學先司空公，光緒中督學沈叔眉侍郎，皆浙籍也。已而中格，獨建叔眉侍郎祠。意當時耆舊尚多，必尚有能記其他遺聞軼事者。曾植生晚，不及多見長者，不獲遍諏度以裨家世舊聞，愚固之愧，内省滋疚也已。

鈔本明季諸賢列傳跋 公手注云：『芍翁新得書，屬爲考證。』驗其手稿字跡，似四十前後所作。手注則晚年定稿時矣。

此書朱墨塗竄，審視皆出一手。其列傳子目，多剜去不補，未必皆有所畏避，殆作者草創之稿耳。眉上別有一人書，絕似吾鄉張叔未解元筆。稱『張吴二鈔本，徐小湖』云云。今書中無徐小湖，則當時尚有傳寫別本也。作者不署名，僅於小集《楊廷麟傳》後，及副葉《鍛亭詩集草序》知其名祥。大集《楊廷樞傳》後論云：『余嘗過泗州寺，土人皆能指楊解元赴義處，在寺橋北丈許野田中，得之父老傳說。』又云：『先虞部《湖隱外史》《甲行日注》二書，皆備録解元捕戮時事。』考《甲行日注》，爲吴江葉紹袁著，今通行，《荆駝逸史》中有不全刊本，則作者爲紹袁後人無疑。紹袁之子有燮，孫有舒崇，皆知名國初。燮，字星期，一字已畦，康熙庚戌進士，官寶應知縣，晚歲居横山教授，爲學者所宗，沈歸愚爲之傳。燮子公手稿作『有孫』。此依原鈔手改。曰啟祥，以能古文名，蓋即作此書人也。序稱『先子爲詩，舉少陵、昌黎、眉山三家原鈔誤作『宗』。此依手稿。爲□』。原注：此字不可識。與沈傳言『已畦論詩以少陵、昌黎、眉山爲宗』語合。又稱『裒門下士詩寄呈新城尚書』，與《別裁集》所云『鍛亭爲横山入室弟子，新城比之韓門張籍』語合。據沈傳，已畦卒於壬午，祥序文紀年庚申，文中云：『先子捐館舍三十九年。』壬午至庚申，適三十手稿作『卅』。九年，歲月相合，尤確據也。葉氏七世進士，爲吴江鉅族。《午夢堂集》，艷稱詞林。紹袁垂老披緇，棄家遁跡於荒江野寺之中，寒餓以没身，無愧昔友楊維斗、華鳳超、顧端木、包鷩幾諸人。燮之兄廷倜，手稿作『倜』。原鈔誤作

『伺』，今正。字開期，與族人桓奏，原鈔『桓』下空一格，驗手稿，有『奏』字，筆鋒繚繞不易認，故闕之耳。公校未補。結鷲隱詩社於邑中，歲以五日祀三閭，原鈔作『五月祀三間』。孫校云：『三間』不可解，疑作『三閭』，謂屈原。『月』字手稿似改作『日』，亦以『日』爲得。驗手稿『間』字亦誤。孫校是。九日原鈔『日』亦作『月』，手稿作『日』。祭淵明。若顧寧人、歸元恭、潘力田檉章、吳東籬、宗灊西山、宗泌、王寅旭錫闡、戴耘野笠，皆桑海遺民，終身高蹈者。啟祥家庭聞見，具有淵源，故其論述激昂，言皆可取。文筆雖弱，而紆徐委備，亦具有堯峰體度，沈氏所謂能古文者也。書中諸邊將傳，取之《明史稿》者爲多；餘若漁洋、竹垞、堯峰集中之文，亦多采録。其『隱逸』一傳，頗疑即以戴笠之《高蹈傳》爲本。『書中諸邊將』云云一節，原鈔本録於附論殘稿之後，頗爲不倫。驗手稿，實記於正文後眉上，考文氣，自當補在『所謂能古文者也』之下，『張鍛亭名景崧』之上。今移次。張鍛亭，名景崧，江南吳縣人，康熙己丑進士，官樂亭知縣。原注：見《國朝詩別裁集》。

書中尚有殘稿兩紙，一紙云：『康熙辛酉，從兄裴玉四月二十四日兀坐齋中，四望蕭然，口占一絕云：「詩思原注：此下一字不可識。□春去，閑愁逐地來。梅花開原注：下一字不可識。□月，原注：下一字不可識。□事又黃梅。」時次妹臨窗刺繡，倚原鈔本作『傍』。孫校云：手稿似作『倚』，以『倚』爲是。是也。和云：「簾底薰風至，簾前燕子來。晝原鈔本作『畫』。手稿似亦同誤。此依金校。閑人意靜，繡出轉枝梅。」次妹後，鄉城長妹此疑有脱誤，下又有『長妹藥次妹蕙』云云。金校云：次妹之名，未見於前，頗疑次妹之名，即在此『次妹』二字之下，與下文長妹詩後出名正同。『鄉城長妹』或係連文，謂居於鄉城之長妹。上文『四望蕭然』明在鄉間，故別言之也。和二首云：「洗頭天氣原注：下一字不可識。□，情緒困人來。攜得鵝溪絹，描他墨原注：下一字不可識。□

梅。」「春光九十去，夏日正初來。鳥喚如煙雨，香風半熟梅。」長妹名藥。」一紙云：『又有《浣溪紗》一闋云：「八月秋心水不如，□尋佳句作詩餘。架前繙閱□□書。金鳳花殘纖月後，木魚聲響妙香初。心情約略是蕭疏。」時寓圓通庵中。並繪芙蓉荷花小□，亦嫣然有佳致。』按辛酉爲康熙二十年，已畦已罷官歸矣。此兩紙書跡稍異，所謂從兄裴玉，長妹藥，次妹荑，不知從啟祥言之，抑從已畦言之？詞致柔令，午夢風流，久而未沫，可想也。

吴氏安危注跋

《安危注》四卷，明大學士鹿友吴甡撰。取陸賈『天下安注意相，天下危注意將，將相調和，士豫附』義。自漢張良至宋文天祥，節録傳文，加以論斷。專愚子者，甡自稱也。甡在明季諸相內，號有才知名。孫白谷敗後，以閣臣奉命督師，無兵不能行。而周延儒敗，甡與延儒同相，且本爲延儒援引，思宗意恨之，欲文致其罪，褫職下獄遣戍。《明史》與楊嗣昌同傳，所謂『功罪淆於愛憎，機宜失於遥制』，固不專爲嗣昌發也。書中論周亞夫曰：『亞夫之以梁委吴楚也，固自請上矣，非不奉詔也。不三月而吴楚破平，亞夫何負於梁哉。梁王掎齕於外，太后浸潤於內，雖以亞夫之功，上親假便宜，即有罪，可十世宥者，卒中讒以死。人臣處任事之地，難哉！』其言深痛，亦似隱爲嗣昌哀，非但自慨者。書前喬可聘、李清二序，皆議論透切，而可聘尤於所謂士豫附者，三致意焉。可以見明季封疆臣臨事衷隱也。

書道藏目録太平部後

道家三洞四輔之説，自唐李渤已言之，疑陳隋諸師説，陶隱居時，尚未著也。四輔以太平輔洞玄，洞玄爲靈寶君所説，則太平宜亦以靈寶爲宗主。此《太平經》一百十七卷，凡外受傳訓入五號，歷代相傳，在《道藏》中，爲道家最古之書。顧自唐道士閭邱方遠曾詮其樞要爲三十卷外，他道士絕無肄業及之者。而閭邱之書，亦不見録於今《道藏》，甚可惜也。于吉、宮崇，琅琊人。襄楷，平原人。琅琊、平原，皆齊地。而《前漢·李尋傳》：『齊人甘忠可詐造《天官歷包元太平經》十二卷，以教重平夏賀良、容邱丁廣世、東海郭昌等。』其書言『漢家當更受命於天，天使赤精子下教我此道』。『宜急改元易號，乃得皇子生，災異息』。所言與襄楷稱原鈔本無此字，手稿有之，仍其舊。宮崇所獻神書，奉天地，順五行，有興國廣嗣之術，指趣略同。而忠可等亦皆齊人，得非包元太平，即太平清領之萌芽乎？忠可之書，見斥於向、歆父子。崇、吉神書，有司亦奏謂妖妄不經，而張角頗有其書，則當時流傳已廣，特葛、陶諸人，不相祖述，故不若正一之盛耳。

跋佛祖統紀

宋刻《佛祖統紀》五十四卷，闕《法運通塞志》十五卷，以行篋藏本目錄中，如藏本所題本紀一之一，一之二、三、四，列傳六之一至六之十等，此本止作一、二、三、四，標卷目，不標類目。藏本第二十卷《諸師列傳》，目下有記語云：『《諸師列傳》，《統紀》原文止有十卷，而目錄並通例，均編爲十一。以此述者之誤，故卷卷排去，目錄有五十五，而《統紀》止有五十四，今改正。』今此本通例，正作《諸師列傳》十一卷，目錄亦有第二十二卷□原鈔作『誌』字，於義不合。驗手稿，似『諸』字，下有點畫模黏，非帶筆，當爲另一字。似十字，連下文一字，爲《諸師列傳》十一卷之簡語耶？當查原書。一之文，自『今此本』起至此一段，原鈔作注文，讀下文『目下記語』云云，下亦云『今此本』云云，文法與此正同，自當出爲正文。原鈔蓋由手稿旁添，未加句乙而誤。又第四十九卷《名文光教志》目下有記語云：『自《天臺禪林寺碑》至《喻黃元書》十七篇，南藏目錄，以第五十卷收之。《始終心要》至《宗門尊祖議》七篇，以第五十一卷收之。今依統本紀改正，以四十九卷收前十一篇，以五十卷收十三篇。』今此本卷第雖經剜改，而前卷十七篇，後卷七篇，正此下應有『與』字。所稱南藏本同。第卷中篇數，與目相符，不知記語所謂『今依本紀』者，語作何解耳。此本□□孫校云：手稿似『紙筆』二字。案筆字欠合，驗手稿，上字不可認，下似『墨』字，闕疑。並精，爲晚宋刊本佳者，或疑爲明刻。明刻余齋有之，面目絕殊，不能相混也。

傳法正宗記跋

嵩師此書，因唐高僧神清不喜禪者，自尊其宗，著書抑之。曰：『其傳法賢聖，間以聲聞如迦葉等，雖則迴心，尚爲小智，豈能傳佛心印乎。』引《付法藏傳》商那和修告優波毱多曰：『佛之三昧，辟支不知；辟支三昧，聲聞不知；諸大聲聞三昧，餘聲不知。』又據《付法藏傳》『師子尊者逝後，相傳法人於此便絶』之言，以難禪宗，謂『達摩所承，非正出於師子尊者』云云。較論三教，熒惑世俗。而《寶林》《聖冑》諸編，皆禪宗之言，不足與義家相抗。乃據律宗僧祐《出三藏集記》《薩婆多部記》師宗相承略傳，證師子以後，至於達摩，正傳、旁出系統，師承未嘗斷絶。又得衆賢所道祖宗之事十家，列爲《宗證傳》。又爲《傳法正宗定祖圖》十卷，其言甚辨博，其文集收入《四庫》，《提要》劇稱之，宋初緇徒卓卓者也。余嘗據《薩婆多記》及遠、觀二師《禪經》序文，謂禪家先後有兩達摩。《鐔津》亦據此二證，而謂先後止是一達摩，而傳《禪經》時，達摩不過二十餘歲。說固新異，而以佛大先事證之，不應兩達摩、兩佛大先、兩不若多羅，《燈録》所敍，與部記符合若此。《鐔津》之說，良有通識。龍樹壽數百歲，其弟子亦數百歲，則達摩壽二百歲，亦無足異。禪宗初來東土，與律宗相依，三種律儀，禪居其一。律無大小乘別，禪亦無大小乘别。律宗師承，即禪宗師承。西域固然，入中土後，乃漸相離異耳。神清者，梓州慧義寺僧，《宋僧傳》在義解中，著書甚多，有《北山參元語録》十卷，最爲南北鴻儒名僧高士所披翫，號爲北山統三教玄旨。贊甯論之曰：『觀清述作，少分明二權一實之經旨，大分明小乘律論之深奧。』蓋亦抑之。其書見鄭樵《通志》，宋代猶存，而不收入《藏》，嵩師排擯之力與？

記大智度論後

《梁高僧傳·鳩摩羅什傳》言『什雅好大乘，志在敷廣，常嘆曰：吾若著筆作大乘阿毘曇，非迦旃比也。今在秦地，深識者寡，折翮於此，將何所論。悽然而止』云云。按無著造《大乘阿毘曇集論》，安慧糅之爲《雜集論》成書在羅什前。而羅什有此嘆言，得非以無著宗有，此論著龍樹宗尚無之爲憾邪？無著《大乘阿毘曇》，以《瑜伽師地論》爲正依，則依《智度論》以繼羅什之志，後之學者所當致意也。

記說無垢稱經後

經言『釋迦如來隱覆無量尊貴，爲欲度此下劣人故，是故現此雜穢土耳』。寒夜讀此，憬然悲悟。老莊不得已而示現真人，荀董不得已而示現令相，武侯不得已而示現刑名，謝安石不得已（手稿上『荀、董不得』下及此『不得』下，皆奪『已』字，今補。）示現清談，李衛公（手稿奪『公』，據下文補。）不得已示現會昌，司馬溫公不得已示現元祐，皆所謂雜穢土者邪？以世俗論之，道家爲虛誕，儒者爲迂闊，刑名爲雜霸，清談爲廢務，會昌、元祐均不免於朋黨，其有傷諸公尊貴多矣。非道家無以啟文景之治績，非荀董無以啟漢武之崇儒，非武侯無以知亂國可治，非安石無以知弱國可强，非衛公不知長慶、開成之養癰，非溫公不知熙寧之召亂，其所度不亦昭昭在世邪？然而老子猶龍，獨我孔子稱之；武侯不死，禮樂可興，獨王通言之；溫公爲内聖外王之學，朱子雖推崇，後世卒未盡信也。大悲度世，難哉！抑隱覆者菩薩本願，法身無相，常寂光中，固非肉眼所能見夫。

書止觀科節後

此書在日本《續藏經》，題曰唐法藏撰。據卷後大中年間日本僧記也。書中引道邃和尚說，兼多釋《輔行記》義。賢首卒於先天元年，荊溪生景雲二年，時方二歲，《輔行記》書安得見之。道邃大曆中從學荊溪，更在其後，不必論矣。竊意此爲日本僧從道邃之徒問而記之者，題『大中年記』一行是一人，『《義海》是法藏所作』兩行後，署永仁六年者另是一人。永仁六年當吾華元大德二年，其人去唐遠矣。即明言書是賢首作，尚不足據，況僅言《義海》是法藏作，並未言此書是賢首作邪。作者不可知，但可題唐大中年間人撰耳。

書悉曇字記後

此書分章十八，《同文韻統》，天竺字母分譜十二，綱骨大同，而運用別異。則《韻統》傳自西番阿努，阿努傳自中天，而《悉曇》是智廣受之般若菩提，傳自南天故也。《韻統》第一譜與此十八章之初章同，其第二、三、四、五章，以祇耶囉攞縛合於初章諸字之下，祇耶即遍口音十字中第一耶字，則此四章，即《韻統》所謂翻切三十三字，各繫以鴉喇拉斡者，《韻統》合爲一，此分爲四，其別異者一。第六章以麼字合諸字下，《韻統》所無，別異者二。第七章以曩字合諸字之下，即《韻統》配焉因。之第十一譜，配陽英。之第十二譜，《韻統》分二，此合在一章，別異者三。此書之例，初七章爲一界，次七章爲一界，後三章爲一界，《韻統》無此例，別異者四。第八章至十四章，各以囉字加前七章諸字之上，即《韻統》第六譜，三十四字上各加喇字，《韻統》譜一，此書章七，別異者五。第十五章以迦遮吒多波等句末之第五字，各加於當句前四字之上，與《韻統》第四譜同，而以初句末字加末耶等九字之上。所謂異章者，《韻統》無之，別異者六。自十六至十八章，與《韻統》無相當之譜，而釋《字記》者，諸家之說，亦復參差，有可和會者，有不可合會者，別異者七也。此運用之因地異者也。其《悉曇》十二字與《韻統》十六字相準，二阿二伊同，二甌當二烏，二藹當二厄，二奧當二鄂，短暗即昂字，痾即阿斯字，《韻統》之唎唎伊利利伊，當《悉曇》除去之紇里紇黎里黎四界畔字，亦即《文殊問》之呂呂力嚧，《金剛頂》之哩黎力盧也。此韻字之異而不異者。遍口聲十字，除濫字外，餘與《韻統》翻切後九字次敍皆同。《文殊問》《金剛頂》亦無濫字，則亦異而不異者。此綱骨不以地異之説也。中天雜龍宮文，音讀本與南天有異，西番接近北天，或且雜喜多迦文，亦未可定。觀其會通，將在達者乎？

《景祐天竺字源》分十二番，其條例較智廣簡整，説亦分明。第一番至第六番，與此第一章至第六章全同。第七番倪，八番拏，九番那，即此第七章曩而分爲三番。第十番羅字，即此第八章至十四章囉字，合七爲一，與《韻統》同。第十一番以末五字加前，與此第十五章同。其第十二番以薩設沙薩加諸字上，於此諸章無相當者。而與《韻譜》第五以拉沙卡薩四字加諸字上運用略同。《景祐》爲中天音，其與西番所傳天竺音韻同祖乎？《景祐》説紇里四文之除去，謂準天竺聲明，《字源》此四聲已在第三第四聲中收訖。又向下生字別無裝戴去處，所以不用，又以耶羅以下九字爲融轉喉舌音，以五類末字屬鼻音呼，皆學説之準繩，學者所當信守。其十二番外，別有一類上下裝二羅字。則《悉曇》《韻統》兩系皆無，而惟淨亦謂經典所罕用，故不列番。亦可見天竺字説解多途，蕃變異致矣。然則《悉曇》梵字，從上言之，有魔醯首羅龍猛龍宮釋迦大日之異，從後言之，有中天北天南天胡地之殊，古之異者，爲婆藍摩、爲喜多迦，今之異者，爲散斯克、爲巴利。根本殊而枝葉益分，理固難以畫一。抑聲音之理，常有其不齊者溢於所齊之外，各國皆然。則夫《字記》後三章，《韻統》第七第八第九第十諸譜，《景祐》十二番外之餘番，理董之功，固猶有待或無待耶？

漢孟廣碑跋

碑於光緒二十七年謝崇基訪得於昭通府南，遂爲滇南石刻中最古者。然碑上截已折，題額不可見，文前又無題目，今據第一行『丙申月建臨卯，嚴道君之胄孫武陽令之子孟廣宗平』，原注：下闕。題爲《孟廣碑》。或有稱《孟琁碑》者，以第三行首有『改名曰瑄，字孝琚』字也。然瑄字細審非琁字，或瑄或璇或瓊，變體不可知，當覓精拓本再辨之。孟氏與爨氏，當漢魏間，並爲犍爲屬國，諸夷大姓。常氏《華陽國志》所謂諸葛亮分青羌羸弱配大姓焦雍婁爨孟量毛李爲部曲，置五部都尉，號五子，南人號四姓五子者也。亮取爨習、孟琰、孟獲爲官屬，孟琰官至輔漢將軍，獲官至御史中丞。琰名從玉旁，得非瑄之兄弟，亦武陽君子邪？建安二十一年丙申，其時爲先主初克劉璋之日，次後丙申，爲晉武帝咸寧二年，則蜀亡後南中內屬，分並州部，夷俗忿恚之時。碑辭但述懷抱之悲，殊無喪亂之感，似非此二期原鈔重此字，金校去下此字。檢手稿則二字之誤也。文字。若推上至建安前之丙申，爲漢桓帝永壽二年，正常氏所謂諸郡安寧五十餘年期內，碑文亦絶似東漢，頗疑此丙申是永壽丙申也。武陽君在官而喪其子，其文語氣，似即主簿等所爲。主簿李楷，□記李景，蓋即常氏所稱武陽大姓三楊五李者邪？孟氏在南中，自漢迄至隋唐，與爨並峙。至開元中，爨歸王襲殺孟騁、孟啟，見樊綽《蠻書》。爾後孟氏遂不復見。或疑今麗江木氏，乃是其後，未可知矣。孟氏貫朱提，獲又稱建寧，則其郡望也。

書白石神君碑後

道家之說，本自巫風。此碑務城神君李女神礌《曝書亭集》引作『磚』。石神壁神君諸稱，誕妄不經，而皆輸義錢以助營宇，數皆大萬，與他碑以百計者絕殊，祭酒之富實可知。《封禪書》：『郡縣遠方神祠者，民各自奉祠，《封禪書》作『各自財以祠』。不領於天子祝官。』又云：『民里社各以私財祠。』祭酒者，民間巫祝之首。民間私財，斯五斗米之造端與？自秦漢之間，巫風極盛，史所記梁巫、晉巫、秦巫、荆巫、九天巫、河巫、南山巫之屬，名數猥多，而皆詼詭。南山巫爲山巫，南山秦中。皋山君、武夷君，皆山君。神君之稱，亦始漢武時，有長陵神君、上郡神君，因巫爲言，上使人受而書之，命之曰書法碑。後主簿程疵，傳白石將軍教，所謂因巫以言者與？依南山巫例，則程疵白山巫也。法食亦道家言，當與書法之法同義。道書自寇謙之、陶弘景以還，造作張施，依情增數。然謙之止於嵩嶽，貞白侈列江南，所謂□□名山七十二福地者，遠及交、廣、滇、黔，燕、趙諸山，自常山外，他無所取，九山之名闕焉。如史之九臣十四臣，不復可知。燕齊海上迂怪之説，亡不可考久矣。《魏書·地形志》高陽郡高陽有郝神，永甯有班姬神、石澗宋蜀大字本《魏書》作『石蘭』。神，章武郡平舒有城頭神、里城神，文安有廣陵趙君神，鉅鹿郡西經有三女神，北平郡蒲陰有赤泉神。其名稱與此碑相類，河北小鬼神之崖略可見者也。

魏李璧墓誌跋

魏李璧墓志，光緒末年出土景州，今在山東金石保存所中。書法峭勁，極似張神冏，而兼有司馬景和之縱逸，習北魏楷法所當肄業及之者也。璧於《魏書》無考，而志文詳雅，疏璧敭厤，則皆於史有徵。曰『中軍將軍彭城王翼，陪鑾駕，振旆荆南，召君爲皇子掾』者，《孝文紀》：太和二十二年，車駕幸新野，大破崔慧景、蕭衍，觀兵襄、沔，振旅而還。《彭城王勰傳》：從征沔北，除使持節中軍大將軍、開府。《官氏志》太和職令：皇子諮議參軍從第四品，司空、皇子之開府掾屬從第五品，司空、皇子録事參軍事第六品上階。璧以皇子掾參竿戎旅，其以第五品官兼領第六品上階職歟？府□除司空掾，官品相當，蓋由王官轉朝官矣。曰『高陽王出鎮冀岳，除皇子別駕，兼護清河、勃海、長樂三郡』者，《高陽王雍傳》：『世宗初，遷使持節都督冀、相、瀛三州諸軍事，征北大將軍、開府、冀州刺史。』是其事。《官氏志》有皇子司馬，無皇子別駕，皇子司馬第四品上階，別駕司馬，資敍相當。或府有司馬者無別駕，有別駕者無司馬歟？志無別駕，此可補其闕也。兼護三郡，蓋督護三郡軍事。曰『京兆作蕃海服，問鼎冀州』者，指永平元年冀州刺史京兆王愉據州叛，李平討平之事，紀傳皆稱假尚書李平鎮北將軍行冀州事以討愉，此稱鎮東，疑亦史誤也。曰『妖賊大乘，勢連海右，州牧蕭王，心危懸旆，聞君在邦，人情敬忌，召拜撫軍長史，加鎮遠將軍』者，《孝明紀》延昌四年『六月，沙門法慶聚衆反於冀州，殺阜城令，自稱大乘』。蕭王者，蕭寶夤也，傳稱『遷撫軍將軍冀州刺史，大乘賊起，頻爲所破』。心危懸旆，情事相符。鎮遠將軍第四品，於璧原資，亦相當也。曰『太傅清河王外膺上臺，内荷遺輔，勢傾朝野，妙簡才賢，召君太尉府諮議參軍事』者，《清河王懌傳》：延昌四年，懌進位太傅，領太尉。『靈太后以懌肅宗懿叔，德先具瞻，委以朝政，事擬周、霍，懌亦竭力匡輔，以天下爲己任』。璧膺府辟，當時蓋極爲榮。然懌爲義騰所制，志不得行，卒被其禍，事在正光元年，則璧卒後才一年耳。有希逸廣陵之美，《寐叟題跋》景印手稿，『美』誤作『罪』，原鈔因之。此依公手校改正。無元長竟陵之累。璧終身曳裾王門，智足以自全，才足以有立，其人有足多者。史不爲傳，殆其位未顯達故邪？志最先敍孝文求書南齊事，備見《王融傳》中。傳言『融議不行』，志言『遠服君風，遥深縞紵，啟稱在朝，宜借副書』，璧且有境外之交。名聞南朝，而不能邀魏收一簡。金石補史，詎可少哉。

東魏廉富造天宮像碑跋 手稿及原鈔皆無『跋』字，今補。

碑爲洛陽新出土者，顧鼎梅君寄贈，從前未見著録也。碑畫佛自忉利下降故事，大梵天侍右，帝釋侍左，諸天合掌，次列於大梵、帝釋左右。此像在劫比他國，事具《法顯傳》《玄奘記》，今印度石刻，尚有照本。此碑畫法，與照本大致略同，甚有矩則也。文似緇流之筆，義豐而辭拙。字多别體，如雙林之雙作䨇，雖字作雖，幻字作𢆯，龍字作竉，非草非真，體殊奇詭。而文中仍有雙字、雖字，不知其忽正忽別何意也。第七行『𣬛峚稟氣』，𣬛峚二字，以文義推之，當是含靈稟氣。據《集韻》靈字別體或作䨩，上字頗相似，而下字絕不似含，金校云：兩異字擬爲『含靈』，是上字爲含，下字爲靈，乃云上字似『靈』下字絕不似『含』，未喻其旨。不可揣議矣。『可謂靈就遷暉』，靈就即靈鷲，可字脫落，作小字添入上下二字之間，此例亦少見。額參隸篆，月作⋑，日作⊙。

北齊標異鄉義慈惠石柱頌跋

右北齊石柱，額題曰《標異鄉義慈惠石柱頌》，大齊大寧二年四月十七日，省符下標元造義王興國、義主路和仁。石在定興石柱村，即《太平寰宇記》易州下所載石柱也。定興本范陽縣之黄村，金大定中立縣，又割淶水易州近民金校云：『民』疑是『地』字。屬之。石柱舊在易州東南三十里，今爲定興西北三十里也。按《寰宇記》引《州郡志》云：『易州義石柱，後魏末杜葛亂，殺人骸骨狼藉如亂麻。至齊神武起兵，掃除兇醜，拾遺骸骨葬於此，立石柱以記之。』所敍語大都摭取頌首文句，然以爲神武立，則非也。據頌文，義葬起亂定之初，義食繼其後。武定二年，爲法師別立清館。四年，依官道改建新堂。天保十年，奏聞。河清二年，權立木柱。天統三年，改建石柱。創義者王興國、田市貴；助義功德者，法師曇遵、居士馮叔平、路和仁；施地者，嚴僧安等。先後州郡助義者，幽州都督盧文翼、獨孤使君、范陽太守郭智、大行臺斛律羨、范陽太守劉仙、范陽令劉康買，又有文翼子士朗、孫釋壽，繼爲檀越羨子世達、世遷，行過助資事。歷四十餘年，成之者非一輩。其文極詳，覶縷周悉。作《州郡志》者，蓋見其文而未能竟讀，見有神武字，遂以命之。若《京畿金石考》據《寰宇記》録此碑，又引方志某氏注云：此引方志，即《定興縣志》之文。云：『神武時義士王海立。』誤王興國爲王海，則真問井之傳言，未嘗一闚柱下者矣。義事幾與齊一代終始，故頌文所載，多與本紀大事相關。曰『天保螽蝗之歲』者，《齊書・文宣紀》：『八年，自夏至九月，河北六州大蝗飛至京師，蔽日若風雨。九年，山東復大蝗。詔稱趙、燕、瀛、定、南營五州，螽潦損田，免其租賦。』是其事也。云『長圍作起之春』者，《文宣紀》：『天保五年，帝北巡至達速嶺，覽山川險要，將起長城。六年，發夫八十萬築長城，自幽州至恒州九百餘里。八年，於長城内作重城，四百餘里。』又云：『長城起西河，總秦戍，東至於海，三千餘里。』《趙郡王叡傳》云：『天保六年，詔叡領山東兵數萬，監築長城。先是，徒役罷作，任其自返，丁壯各自先歸，羸弱被棄，加以饑病，多致僵殞。叡與所部俱還，弱强相持，配合州鄉，分有餘，贍不足，賴以全十三四焉。』觀此，則作役之苦，與死爲鄰，自趙郡王所部之外，罷作歸夫，此義所濟，諒不少矣。云『河清遭澇』者，《武成紀》：『河清三年，山東大水，饑死者不可勝數，詔發賑給，事竟不行。』是其事也。云『新令普頒，舊文改削』者，《武成紀》：『河清三年，以律令頒下大赦。』是其事也。頌中人名，於史可徵者，斛律羨《齊書》有傳，頌字豐落，傳文作豐樂，檢《獨孤永業傳》，正作斛律豐洛，鮮卑語無義同音字，例得通稱。羨以河清三年轉使持節都督幽安平南營東燕六州諸軍事，幽州刺史。天統中，以北虜屢犯邊，備預不虞。自庫堆戍東拒於海，其間二百里中，凡有險要，或斬山築城，或斷谷立障，置立戍邏五十餘所。又稱突厥來寇，羡總率諸將禦之。突厥望見軍容，遂不敢戰。其後朝貢，歲時不絶，羡有力焉。羡又導高粱水北合易京，東會於潞，因以灌田，公私獲利。頌文所云『偏脱立戍，架谷爲城，威震六蕃，恩加百姓』。蓋皆紀當時實事。脱者，區脱也。羡以天統四年遷尚書令，武平元年秋進爵荆山郡王，傳皆載之。杜文稱尚書荆山王，當刻於武平元年以後，後二年，羡即被誅矣。傳載羡五子，世達、世遷、世辨、世酋、伏護，伏護以下尚有幼者五六人。杜旁題名稱世達爲令公長息，世遷爲九息，則羡壯子當不止五人。傳稱斛律一門三公主，史惟見光子武都尚公主。今據題名，乃知羡子世遷，亦尚公主，世達官安東將軍，使持節岐州軍事岐州刺史，儀同三司，内備身正都督臨邑縣開國子，世遷官駙馬都尉，皆足補史文之闕也。大都督盧文翼附見《魏書·盧玄傳》，稱永安中爲都督，守范陽三城，拒韓，屢有功。文翼有三子，士偉、士朗、士嬰。《魏書》惟見士偉，《唐宰相世系表》具之；士朗仕至殿中郎，子擇壽仕開府參軍。頌稱大都督息士朗，不著其官。又曰：『無以世務在懷，寧將榮祿革意。』則士朗蓋有官而不仕者。頌文作釋壽，表作擇壽，此《唐書》譌字，當以石刻正之。盧氏山東巨族，世與魏室聯姻，故云『望重寰中，親交帝室』；又有『鳳室之孫，龍家龍子』之句也。陽平路氏，《魏書·路侍慶傳》後附見者十餘人，皆仕當魏、齊之世，此路和仁，當是其族，而無文可徵。侍慶之弟名思略、思令，此路和仁字思穆，北朝士夫固往往以字行，然未敢決定其必爲侍慶弟兄行否也。劉康買，□州高柳人，州上字，舊釋爲邕。按《地形志》，高柳郡屬恒州，泐字字形正方，當是恒字。『緣湪東西，范陽湪人』，湪即涿之別體，據《水經注》，『涿出涿縣故城西南奇溝，東逕桃仁墟，東北與樂堆泉合，又東北逕涿縣故城西，注於桃水，向東流』。岸當南北，不應云『緣湪東西』，道元於注，既出是水，又以爲應劭說，涿郡南有涿水，今無水以應之，惟西南有是水，世以爲涿水。又云：灅水東逕廣陽，與涿郡分水，當受通稱。事或近而非所安。是則涿水所在，當時固無定說。此頌所云『緣湪東西』者，乃似指易滱爲湪，此又於酈注外別爲異說，可資地理家紬繹者也。頌稱義之所在，云『左跨明武，右帶長逵，卻負沮洳，面臨臺觀』。施地之記，又云：『西至舊官道，東盡明武城瀆。』又云：『東至城門，西屆舊官道。』又云：『重施義東城壕城南二段廿畝。』明武城不可考，疑是武陽城之異稱。武陽以天保七年詔書省併，其城蓋不隳。《水經注》易水自寬中歷武夫關東出，是兼武水之稱。明武武陽，取義相近。惟檢《寰宇記》，武陽故城所在，按以柱之所在，微爲差西，以此存疑，不能決定。亦或武陽東南，別有明武城，如范陽之別有小范陽者，故記靡詳，莫由證案矣。觀臺者，《寰宇記》：『石柱在易縣東南三十里金臺，俗稱東金臺。柱在縣東南三十里。小金臺、闌馬臺，並在縣東南十五里。』《水經注》：『濡水經武陽城而北流分爲二瀆，一水逕故安城西側南注，左右百步有二釣臺，參差交峙，迢遞相望。其一東注金臺陂，陂側（《水經注》作『側陂』）。西北有釣臺，高丈餘，方可四十步，陂北十餘步有金臺，北有小金臺，臺北有蘭馬臺，並表高數丈。（《水經注》作『並悉高數丈』。並悉義複，似誤。故公不從。）秀峙相對，翼臺左右，水流逕通。』金臺去易縣里數方向，與石柱正相當。柱臨易水臺，據《水經注》亦臨易水；然則所謂『卻負沮洳』者，即《注》所稱『水流逕通』；所謂『面臨臺觀』者，東金臺、小金臺、蘭馬臺、釣臺，必居一於是矣。齊代諸帝，皆崇佛法，據《佛祖統紀》，文宣天保元年，詔僧法常入内講經，拜爲國師。二年，詔置昭宫上統，以沙門法上爲大統，令史員置五十餘人。六年，令道士與釋子角法。河清三年，詔慧藏法師於太極殿講經。然則蕭梁餘習，被及高齊。頌中『國統光師』，空格書之，與令公等。『國統』殆即『上統』，故尊之如是。其云『有勑請法師』，又云『法師向並仁從衣履，蒙預内齋』，蓋即宫中法會講筵之事。光師蓋齊時尊宿。《魏書·釋老志》，魏末沙門，知名見重當世者，有惠光。《統紀》有慧光，北齊時居洛陽，著《華嚴》《涅槃》《十地》等疏妙，盡權實之旨。僧名惠慧多互出，慧光蓋即惠光，與石柱時代相當。又所云『名盛南州』，與居洛陽相應，疑光師即其人矣。柱極高大，椎拓爲難。自歐、趙以來，未嘗爲金石家著録。光緒丁亥，碑工李雲從覓得之，村人阻搨，廢然而反。鹿編修喬生聞之，乃自募工往曉諭村人，經營累月，乃得墨本數十分，以一遺余，此本是也。己丑冬日，喬生復以録出碑文見示，摩挲累日，爲補釋數十字，並參證史傳可考者，紀之如是。

頌中紀事，與史文不相應者二，云『武定四年，神武北狩，勑道西移』。考《北齊書》，是歲首書神武將西伐。自鄴會兵晉陽，此之所云，疑指其事。顧西伐不得言北狩，自鄴向晉陽，亦不得經由范陽。據《北史》：『武定三年十月，神武上言，幽、安、定三州，北接奚蠕蠕，請於險要修立城戍以防之。躬自臨履，莫不嚴肅。』北狩移道，恐在此時。此不必史文之誤，撰文人誤記年月，碑刻往往有之。亦或三年冬北狩，涉四年春還也。云『天保三年，景烈皇帝駕指湯谷離宫於此』。湯谷者，暘谷之異文，《淮南天文訓》《史記索隱》引舊本皆如此作。檢《齊書·文宣紀》，天保三年，惟有帝擊庫莫奚於代郡事，代郡不得言湯谷，時帝由晉陽北伐，亦不從范陽經過，惟四年秋帝北巡冀、定、幽、安，仍北討契丹，從平州至陽師水，歸至營州，登碣石，臨滄海，與頌所云『駕指湯谷』，情事相當。離宮義所，當在兹役，此亦當由撰文人誤記，一則差後一年，一則差前一年也。據《後主紀》：『天統元年，有司奏改高祖文宣皇帝爲威宗景烈皇帝，武平元年冬，復改威宗景烈皇帝，謚號顯祖文宣皇帝。』文尚稱文宣爲景烈，益足證爲元年冬以前撰刻也。或疑湯谷指溫泉。漁陽固有溫泉，然古稱溫泉爲湯谷者甚少，即張衡《溫泉賦》所云『控湯谷於瀛州，浴日月於中營』，亦指日出之陽谷言之，非謂溫泉爲湯谷也。

隋張通妻陶貴墓誌跋 手稿及原鈔皆無『跋』字，今補。

《兩京新記》：『東城之北慧日寺，開皇六年立，本富商張通宅，捨而立寺。通妻陶氏，常於西市鬻飯，精而價賤，時人呼爲陶寺。寺內有九層浮圖一百五十尺，貞觀一年，沙門道□所立。』云云。陶氏即此陶貴。志文中於慧日寺殷重言之，曰『歸依正覺，供養莊嚴』，其慧日寺者乎？又曰：『慧日長照，法炬恒然。』通之捨宅，意陶主之，顧不明言造寺，何也？紀應作『記』。稱通爲『立本富商』，立本二字，不得其解，疑有譌舛。孫校云：疑立字屬上，本字屬下，蓋謂寺於開皇六年立，原本爲富商張通宅也。如此作解，是否？銘稱陶『行重義妻，名高節婦』，則陶卒時，通已卒矣。

隋趙芬碑跋

碑爲薛道衡撰，全文在黎氏刻《文館詞林》第四百五十二卷中。校此殘碑，略有異同。碑『炳靈特挺』，文作『資靈特挺』，兩字皆通。『金精火宿』作『金精大宿』，案《金石萃編》録碑文作『金星火宿』。則以碑爲正。『治夏官府司馬』，文作『領夏官府司馬』；『開皇五年』作『□年』；『乞骸』文作『乞骸骨』；領字是，骨字衍也。『二月十二日寢疾，薨於京師之太平里』，案《萃編》『里』下有『第』字。作『以十四年薨於京師之太平里』。『府佐杜寛等』作『佐官姓名等』；『斫尋百氏』，文作『研尋百氏』，審碑刻，寔是研字，《萃編》誤釋耳。碑與史不同者，史稱芬父諒，碑稱父脩演，脩演蓋諒字；《周書》稱父諒者，舉其名，《隋書》稱父演者，舉其字，而脱脩字也。碑文敍芬歷官周太祖相府記室，轉外兵，遷内書舍人，尚書兵部郎，周受禪，除冬官府司邑大夫，又爲陝州總管府長史，加儀同三司，仍長史，徵入朝，歷御伯納言，進位開府儀同三司，稍遷内外府掾，吏部内史，御正三大夫，天官府司會，春官府司宗，領夏官府司馬，封淮安縣開國子，前後任熊析二州刺史，東夏平，授相州天官府司會，進爵爲侯。大象元年，置六府於洛陽，除少宗伯，攝夏官府事。二年，拜上開府，進爵爲公。隋開皇元年，拜東京尚書左僕射，封淮安郡開國公。東京罷，授京省尚書右僕射。三年，兼内史令，僕射如故。□年，除蒲州刺史，加金紫光禄大夫，解職還京。抗表乞骸骨，以大將軍淮安公歸第，仍賜几杖衣服被褥板輿等，皇太子遣使致書賚巾帔等七種，春秋七十有四，以十四年薨，謚曰定。校《隋書》本傳，大致相合，繁簡異耳。此見《隋書》裁翦之法，魏文貞、顏、孔撰述意旨也。芬爲周太祖霸府據上文似應作『相府』。記室，又爲宇文護府掾，又白發尉遲迥謀於隋高祖，趣時合勢，反覆之尤。碑稱其『方正確然，風塵不染』，諛墓例然，而史僅稱其幹濟，特加數語於其助逆之際，詞微而顯，此當爲文貞精識，慮非顏、孔所及矣。

卷三

跋類　下

闕特勤碑跋 附原文。

故闕特勤碑　御製御書

彼蒼者天，罔不覆燾。天人相合，寰宇大同。以其氣隔陰陽，是用別爲君長。彼君長者，本□□四公録本四字傍加乙，蓋原碑之第一行也。裔也。首自中國，雄飛北荒，來朝甘泉，願保光祿，則恩好之深舊矣。洎我高祖肇興皇業，公乙在此，以字數計，第二行當止『太』字。太宗之遂荒帝載，文教施於八方，武功成於七德。彼或變故相革，榮號迭稱，終能代嗶□□，□録本作『行化□』公乙去後，復於『行化』兩字旁別加角，不知何故，姑闕待證。□□□，公乙在此。依字數計第三行當止第一闕字。各此字公乙去，別鈔本有。修邊貢。爰逮朕躬，結爲父子，使寇患不作，弓矢載櫜，爾無我虞，我無爾詐。邊鄙□不□□□之公乙在此。依字數計，第四行當止第三闕字。賴歟？君諱闕特勤，骨咄祿可汗之次子，今苾伽可汗令弟也。孝友聞於遠方，威□公注：下半微露石形，疑『略』字。懾□□俗。公於此加乙，爲第五行。斯豈由曾祖伊地米駝匐，積厚德於上，而身克終之。祖骨咄祿頡斤，行深仁於下，而子□□之。公於此加乙，爲第六行。不然何以生此賢也？故能承順友愛，輔成規略。北爕眩靁之境，西鄰處月之郊，尊撐犁之□□，公於此加乙，爲第七行。受屠耆之寵任，以親我有唐也。我是用嘉爾誠績，大開恩信。而遙啚不騫，促景俄盡。永言悼惜，公於此加乙，爲第八行。疚於朕心。且特勤，可汗之弟也。可汗，猶朕之子也。父子之義，既在敦崇，兄弟之親，得無連類。俱爲子公乙在此，依字數計，第九行當止於『俱』字。愛，再感深情。是用故製作豐碑。發揮遐徼，使千古之下，休光日新。詞曰：

沙塞之國，丁零之鄉。雄武鬱起，于爾先□。爾君克長，載赫殊方。爾道克順，謀親我唐。孰謂若人，公於此加乙，爲第十一行。罔保延長。高碑山立，垂裕無疆。

大唐開元廿年，歲次壬申，十二月辛丑朔，七日丁未書。公自注：似『建』字。

右闕特勤碑，唐玄宗御製御書，事見《唐書·突厥傳》。傳手稿作、蓋傳之重文，原鈔、別鈔及《大儒沈子培》附録，皆誤作『二』，今正。云：『默啜既爲拔曳固殘卒所殺，骨咄祿子闕特勤合故部攻殺小可汗及宗族略盡，立其兄默棘連，是爲毗伽可汗。默棘連本蕃稱小殺，性仁友，自以立非己功，讓於闕特勤，特勤不敢受，乃嗣位。開元四年，以特勤爲左賢王，專制其兵。開元八年，敗拔悉密兵，又敗涼州都督楊敬述，突厥遂大振。九年，天子東巡，張說議調兵備邊，裴光庭不可，說曰：突厥雖請和，難以信結也。其可汗仁而愛人，闕特勤善戰，暾欲谷愈老愈智，李靖世勣流也。十九年，闕特勤卒，使金吾將軍張去逸、都官郎中呂向，奉璽詔弔祭，帝爲刻辭於碑，仍立廟像，四垣圖戰陣狀，詔高手工六人往，繪寫精肖，其國人以爲未嘗有。公眉注云：《舊唐傳》闕特勤卒於開元二十年，毗伽即於是年被弒。又云：上自爲碑文，刻石爲像。默棘連視之，心手稿作『必』原鈔別鈔仍之。此從《大儒沈子培》附録。悲哽。未幾，默棘連卒，帝遣宗正李佺爲立廟，詔史官李融文其碑。』不若待闕特勤之優渥矣。天碑在鄂爾昆河側，元之和林路，而《遼史·太祖本紀》所謂古回鶻城之地耶？律鑄《雙溪醉隱集·取和林》詩注云：『和林城，苾伽可汗之故地也。太宗於此起萬安宮城，西北七十里，有苾伽可汗宮城遺址，城東北七十里，有唐明皇開元壬申御製御書闕特勤碑。』唐新舊書書特勤皆作銜勒之勒，誤也。諸突厥遺俗，猶呼其可汗之子弟爲特勤，特謹字按突厥語無可考，而蒙古口語，歷久相沿，可敦之爲哈屯，達干之爲答爾罕，葉護之爲詳穩，爲桑昆，爲想昆，舊語班班，可相證合。然則古之所謂特勤，即《元史》之的斤，亦即今蒙語所謂臺吉矣。闕特勤樹立毗伽，專其兵柄。開元十年以後，北邊無警，實賴其功，故玄宗待之恩禮優隆，迴踰恒等。《全唐文》録玄宗《弔突厥可汗弟闕特勤書》，有『追念痛惜，何可爲懷，今申弔賻，並遣致祭』之語，蓋即呂尚等所奉璽書。而此碑不傳，獨耶律雙溪一人見之耳。此碑爲考據和林之堅證，得此碑而和林所在，異說紛紛，不待攻而自破矣。

闕特勤碑釋文跋

原鈔作『故闕特勤碑跋』。金校云：此跋與上跋似不在一時，題下或加二字。別鈔無『故』字，『跋』上有『釋文』二字。考公上跋作於癸巳，此則作於丙申，自非一時。據王静安徵君國維《觀堂集林》卷二十《九姓迴鶻可汗碑跋》云，『沈乙庵先生作闕特勤碑等三碑跋，覆俄使，時志文貞（鋭）方爲烏里雅蘇臺將軍，亦拓闕特勤碑以遺宗室伯羲祭酒（盛昱），祭酒跋之，沈先生復書其後』，即此跋也。則別鈔云云，必有所據。『釋文當如所作』爲是。從之。

蒙古語與突厥語不同，然名號相沿，舊解固猶有存者。嘗謂闕特勤之闕，即《遼史》闕遏可汗之闕遏，即耶律大石稱爲葛兒汗之葛兒，即《元祕史》諸部立札木合爲局兒汗之局兒，《祕史》蒙文釋局兒之義曰普，此即闕之釋義。徑切言之，闕特勤猶言總臺吉與？此當就東土耳其人訪之，若西土耳其，慮或不能紀遠矣。光緒丙申十一月壬辰朔二十四日乙卯，嘉興沈曾植敬觀題記。

突厥苾伽可汗碑跋

右《突厥苾伽可汗碑》，唐開元二十三年勅賜建立，起居舍人李融文，書人無名，而字體於闕特勤碑甚相似。彼爲明皇御書，或疑此碑亦當然。顧御書不應無題識，碑多斷蝕，不能臆决矣。

碑在鄂爾坤河旁，與《闕特勤碑》相近，土人稱闕特勤爲秋王，稱此碑爲莫紀鄰王陵碑，莫紀鄰即默棘連，亦作默矩，苾伽之名，唐人又謂之小殺，開元詔書初稱爲突厥煞，後稱爲兒可汗，《賢力毗伽公主墓誌》謂之三十姓天上得毗伽煞可汗，新舊《唐書》暨唐人文字，皆作毗伽，惟《張曲江文集》作苾伽，與耶律鑄《雙溪集》合。今題爲苾伽可汗者，依雙溪集文也。

碑文殘剝特甚，文句難可創通，所以知爲苾伽碑者，第藉首行撰人銜名，及文末『使伻立廟』云云，與《唐書》『默棘連死，帝爲發哀，使宗正卿李佺弔祭，因立廟，史官李融文其碑』，相證合耳。《雙溪集》言苾伽可汗宫城，言闕特勤碑，獨不言此碑。當時不應不見，或亦以其殘泐不可省視而忽之。計碑壞之時，固在元代以前矣。

突厥盛於周隋之間，至頡利被禽亡國。唐太宗欲建思摩，纘阿史那統緒，而不克有成。骨啜禄默啜弟兄，挺身亡虜之中，鳩合散亡，驅率迸逸，北摧葛禄，東服契丹，處木典以拓西，回紇避之河右。亘地萬里，幾復舊疆。其材力似鮮卑檀石槐，其剽悍過匈奴赫連屈丏。苾伽繼之，仁惠有聞，始終親唐，靡有異意。明皇結以父子，恩逮存亡，册命既榮，璽書褒德。凡諸詔令，與碑文詞意大同。摩挲殘石，可以想見當時撫御微權也。苾伽没而諸子不振，自後回紇乃雄據朔陲矣。

碑立在開元二十三年，苾伽之没在二十二年，新舊《書》並無苾伽卒年，此可補闕者。《新書》稱苾伽子嗣位者，先伊難，後登利。《唐會要》：『開元二十二年，毗伽爲其臣梅録啜毒死，子登利立。』據文末稱『□利可汗虔承遺訓』，明指登利言之，則與《會要》相證明，又可糾《新書》之誤者矣。《張曲江集》有《勅突厥可汗書》云：『勅兒登利突厥可汗，天不福善，禍鍾彼國，苾伽可汗頓逝，聞以惻然。又聞可汗繼立，蕃落寧靜。可汗先人與朕爲子，可汗即合爲孫。以孫比兒，似疏少許，今欲可汗還且爲兒。』又一勅與登利云：『日月流邁，將逼葬期，朕以父子之義，情與年深。及聞宅兆，良以追悼。所請葬期，料事事不違，禮物有加，將答忠孝。今遣從叔金吾大將軍佺持節弔，兼營護葬事，且以爲保忠信者可以示子孫，息兵革者可以訓疆埸，故遣立廟建碑，貽範紀功。因命史官正辭，朕亦親爲篆寫。』云云。前一勅足證登利之繼苾伽，後一勅則建碑命意具焉。云親爲篆寫，則竟是開元御書矣。

碑在三音諾顏旗界中，與額爾德尼招相距匪遠，倘有內地良工，精施氊蠟，度所得字，當不止此。諸字句可疑者亦當待精拓定之耳。此碑與闕特勤，皆有碑陰，有碑側，皆突厥字形，與《唐會要》所載群牧印字略相同。

唐□姓迴鶻愛登里囉汨没密施合毗伽可汗聖文神武碑跋

此碑在喀喇庫魯木城中，喀喇庫魯木即元世之哈喇和林，《唐書·回鶻傳》之回鶻城，《會要》所謂『常居北山以比長安』者。《遼史·太宗本紀》之古回鶻城，《元史·巴爾朮阿爾忒的斤傳》之別力跛力，皆一地也。碑文殘闕，文無首尾，亦無年號歲月，不能知爲何時所立。以文中所述諸汗事跡考之，當在貞元中。

此愛登里囉汨没密施合毗伽可汗，當即《唐書》愛騰里邏羽録没滅施合祿胡毘伽懷信可汗。碑首所稱『國於北方，都於嗢崑，明智治國，積有歲年』者，總略骨力裴羅以上諸世也。『□□嗣位，天生英斷，萬姓賓服。數年之間，復國革命』者，指骨力裴羅也。回紇自骨力裴羅始奄有北方，居突厥之牙廷，殄滅其遺胤，而收其全土，故有革命之稱。先是薛延陀滅，回紇吐迷度已私稱汗號於同羅水上，盡領磧北諸蕃。暨則天時，突厥默啜復彊，回紇乃與契苾等三部徙避甘涼間，失其故地。至裴羅擊走突厥烏蘇可汗，徙牙烏德鞬山嗢昆河之側，而後復其磧北故地，故有復國之言。裴羅自稱骨咄祿毗伽闕可汗，《遼史·太祖紀》：『克回鶻，礲闕遏可汗碑紀功。』闕遏即闕之長言，義與闕特勤、闕俟斤、闕啜同。契丹人不能知回鶻古事，礲碑時，必據碑字名之。此『嗣位』上文字全損，惜無由考其爲作闕可汗抑作闕遏可汗矣。

頡翳德密施毗伽可汗者，《唐書》之磨延啜也。頡咄登密施合俱録□者，《唐書》之牟羽可汗也。《新書》稱牟羽汗號曰頡啜登里骨啜密施合俱祿英義建功毗伽可汗，《舊書》稱牟羽汗號曰登里頡啜登密施合俱録英義建功可汗，頡啜即頡咄，以碑文證之，則《舊書》爲是，《新書》『里骨』二字錯出，蓋沿《會要》文誤。所謂『幣重言重，下『重』字疑當作『甘』，應考碑文。乞師滅唐』者，即史所載史朝義誅牟羽可汗以『唐薦有喪，社稷無主，請可汗南收府庫，其富不貲』事。其所謂『可汗憤彼孤恩，親□驍雄，與王師剋復京洛』，則指牟羽與僕固懷恩收復東京事。是時牟羽實爲朝義所誘而南，而碑文若仗義以討朝義者。唐既歸功，因而飾之，文其過舉耳。其云『□□可汗嗣位，雄才勇略，内外修明』者。頓莫賀殺手稿原鈔皆作『煞』。此依《大儒沈子培》附録及金校改。牟羽而自立，唐冊拜爲長壽天親可汗者也。其云愛登里囉没密施俱録毗伽可汗者，頓莫賀之子多邏斯，唐冊拜爲愛登里汨没密施合俱録毗伽忠貞可汗者也。多邏斯有子曰阿啜，嗣立受冊，五年而卒，此略去不書，徑以汨咄祿爲其子。汨咄祿，《唐書》作骨咄祿，《會要》稱爲骨啜祿將軍。《唐書》敍其嗣位事云：『本跌跌氏，少孤，爲大首領所養，辨敏材武，天親時，數主兵，諸酋尊畏。阿啜無子，諸酋扶而立之。以藥羅葛氏世有功，不敢自名。其族盡取可汗子孫，納之朝廷。』《會要》云：『懷信不敢言奉誠，從人望也。』然則碑之略去阿啜者，蓋探汨咄禄之隱情而爲之諱避，既直以爲多邏斯子，則疑史所謂大首領養以爲子者，即多邏斯養以爲子矣。碑所言『可汗龍潛之時，都督刺史內外宰相□官等奏』云云，蓋追敍其爲相時事。唐以六都督七州名鐵勒諸部，而回紇官有內宰相六，外宰相三。回紇所統僕固、拔曳古等部爲都督，渾契苾爲刺史，啒羅勿等九姓爲內外宰相，侈大其辭，與史言諸酋畏服合。其言『葛禄與吐蕃連，□庭半收半圍之，次天可汗親統大軍，討滅元兇，收復城邑』者，當多邏斯世，三葛禄與白服、突厥、沙陀，同附吐蕃，攻陷北廷，大相頡干此碑題下列內宰相作『迦斯于』，此從《新書》。救之，大敗奔還。葛禄又取浮圖川，回鶻震恐。阿啜世回鶻擊吐蕃，葛禄於北廷勝之，且來獻俘。史不言取北廷，然唐末碣西之地，西州北廷，仍爲九姓所居，以逮宋初，常通朝貢。元時諸部奠系猶存。原鈔作『猶存奠系』。此依手稿。是北廷之失於吐蕃無幾時，而汨咄禄即復之。史文不載，可以相補。碑首行內宰相頡干碑文實作『于』。詳上注。迦思，即史之大相頡干迦斯也。

真珠河見《西域傳》，云『石國手稿奪『國』字，原鈔及《大儒沈子培》附録皆承其誤。茲據《新書·西域傳》補。西南有藥殺水，入中國，謂之真珠河，亦曰質河』。準其地望，蓋元之霍闡没輦，今之那林河。救龜茲而兵及那林，蓋兵出今新疆南路，由阿克蘇踰騰格里山之貢古魯克卡而西向敖罕，此爲唐世天山南北相通之孔道。其下云『追奔逐北，西至拔賀那』，拔賀那即今敖罕地也。黑姓毗伽可汗者，突騎施之酋，突騎施有黄姓黑姓，皆立可汗，互相攻伐。史言乾元中黑姓可汗阿多裴羅猶能入貢，大曆後浸微，臣服葛祿。據此碑，則貞元末黑姓尚有可汗，與葛祿並峙，國未亡也。十箭爲西突厥之遺民，三姓亦突騎施之部落，史稱開元中以都摩、支闕、頡斤爲三姓葉護，與碑語可相證發。第史本傳惟言娑葛後爲黄姓，蘇祿爲黑姓。《西突厥傳》：唐平賀魯，以突騎施索葛莫賀部自注：即娑葛。爲嗢鹿都督府，以突騎施阿利施部爲絜山都督府，亦祗二部。其又一姓，蓋不可考矣。

碑文所稱明教，即摩尼教之文言。史稱回鶻可汗與摩尼共國。《唐會要》：元和二年，回紇請於河南府河東府置摩尼寺。《佛祖統紀》：大曆三年，回紇請於荆、揚、洪、越置摩尼寺。案《佛祖統紀》卷四十一，大曆三年，勅回紇奉末尼者建大雲光明寺。六年，回紇請於荆、揚、洪、越等州置大雲光明寺。則三年爲勅回紇建寺，而回紇之請，則在六年也。其徒白衣白冠，相聚淫穢。會昌中，回紇既亡，詔廢其寺。女末尼皆斬，係回鶻人，流之遠道外宅。回鶻修功德者，並勒冠帶。陸游論喫菜事魔事狀云：『江東謂之牟尼教，福建謂之明教，其事神曰明使，白衣烏帽，所在成社。』末尼本出西胡，蓋杜環《經行記》所謂尋尋法者。開元以後爲大食所驅，乃東徙而入回鶻。法王明使，其教之規模習尚，大略可知。牟羽始尊之，汩咄祿復揚其波焉。作碑者疑即其教人，故詆佛甚力。尊之曰明教，猶大秦碑之言景教。若唐世官私文字，固但有大秦寺、末尼寺，無景教、明教之目也。

碑題姓字上所闕蓋『九』字，《舊唐·本紀》，回鶻冊封汗號，皆繫九姓於其端，與《突厥賢力公主墓誌》稱三十姓天上得突厥煞可汗例同。《舊書》稱回紇改爲回鶻，在元和四年，《新書》稱在貞元四年，《通鑑》依《新書》，《考異》云：『《續會要》統紀北荒君長，録《鄴侯家傳》，並同《新書》。』此碑立於汨咄禄世，而字作回鶻，亦可爲《新書》作一證也。愛登里囉，猶華言果報。毗伽華言足意智，譯義見《舊書》。嗢崑即鄂爾坤河。

新出土墓誌十種跋

墓誌十種，公手稿祇成其五。第六康氏誌，但有起手十四字，蓋未完成而中輟者。原鈔載五篇。金校云：似不妨各標本題。蓋欲去總題也。兹欲存公原旨，一仍其舊，未完稿附列篇末。

扶餘隆事，具見《唐書·百濟傳》中，誌題光禄大夫行太常卿熊津都督帶方郡王，官階皆合。傳稱『龍朔中以隆爲熊津都督，俾歸國平新羅故憾。麟德二年，與新羅王盟於熊津。劉仁軌涖盟，盟詞中有立前太子扶餘隆爲熊津都督守其祭祀』云云。是當時命隆爲都督，未嘗非重立百濟王之漸。銘言『尋奉明詔，修好新羅』，蓋敍此事。而即繼之以『俄沐鴻恩，陪覲東岳』，蓋指隆畏眾離散，復歸京師之事。其詞婉約，固以不能保存宗祀内愧也。傳稱『儀鳳中進帶方郡王遣歸藩，時新羅強盛，隆不敢入舊國，寄治高麗』。銘言『屢獻勤誠，得留宿衛』，即指此事。隆實卒於京師。《新傳》書『死』字於『寄治高麗』句下，似隆死於高麗者，不若《舊傳》稱『隆竟不敢還舊國而卒』，與事實不牴牾也。銘題在末行，他誌罕見。書秀逸而微有傖氣，疑撰書皆百濟遺臣也。《唐熊津都督帶方郡王扶餘隆墓誌》

波斯自隋末臣於西突厥，唐破西突厥，而威稜震於西海。顯慶初元，正突厥方喙，大食未張時也。志稱『高宗召波斯大酋阿羅憾授以將軍，差充拂林國諸蕃宣慰大使，並於拂林西界立碑而還』。此唐世西被盛事。而新舊兩書，波斯拂林兩傳，皆失紀，甚可惜也。阿羅憾留中國，又爲則天召諸蕃匠建造天樞，年九十五而卒。其名與老壽，頗似祆教師或摩尼師，未可知也。銘題大唐故波斯國大酋長右屯衛將軍上柱國金城郡開國公波斯□□之銘，□□不可辨，然決非府君等字，疑有異稱。又列波斯大酋長於唐官之前，亦覺可異。《阿羅憾墓銘》

爨君，名字均闕，空格未填，非磨泐也。其籍雁門，徙居洛陽。遠祖蜀將軍習，《華陽國志》屢稱之，而寶子、龍顔，皆非其後。讀此志，乃知習之子孫徙入中原久矣。爨肅之後，由河東入甯州。習之後，由甯州復於雁門。『復』下疑有脱字。亦姓源佳話也。石出河南祥符縣。《爨君墓誌》

此張通與隋張通同名，誌書法亦與陶貴誌相近，使非有夫人薄氏云云，必有附會於彼張通者矣。苽州即瓜州，明沙即鳴沙，石出洛陽，今在祥符。《張通墓誌》

《廣韻》竹字下敍竹氏，《姓譜》云『本姜氏，封爲孤竹君，至伯夷之後，以竹爲氏。今遼西孤竹君是。後漢有下邳侯竹曾』云云。鄧名世辨證，獨取竹王裔姓，非也。《誌》稱遼西，與《廣韻》合。夫人之祖竹弘，實仕周青州，録事叅軍、相州司馬，父竹懷威，隋幽州薊縣尉，皆可録入姓氏書者。夫人壽六十三卒，《誌》不舉其夫姓子名，疏略甚矣。自注：銘蓋四角刻花，四面刻十二辰生肖。《唐故竹夫人墓誌》。案手稿，此《誌》後別有一行云『康氏本出康居，《廣韻》所謂西胡姓也』十四字。蓋此第六種康氏墓誌跋語未完之稿也。附此。

唐代國長公主碑跋

《萃編》據杜集，證鄭潛曜爲公主子。余於《南部新書》復得一事云：原注：《毘陵集》十七有《鄭駙馬孝行記》，《南部新書》所録，即抄記文。『駙馬都尉鄭潛曜，睿宗之外孫，尚明皇第十二女臨晉長公主，母即代國長公主也。開元中，母寢疾，曜刺血濡奏章，請以身代。及焚章，獨「神道許」三字不化。翌日主疾間。』至哉孝子也。觀公主名子之言，與其子之所以事母，及萬鈞夫婦死生之際，相勗之詞，高朗可風，蓋力矯貴祿驕侈之習者。公主所誦《華嚴》《寶積》《大般若》《大集》，皆唐世新譯大部經。受禪觀於大智，受灌頂於金剛智，而歸心願生兜率，顯密觀行，精進圓滿。録諸《善女人傳》中，此碑文甚精采也。原注：余常病彭氏《善女人傳》，淨土詳而他門皆略。又自《梁比邱尼傳》後，唐代優婆夷甚多，無繼梁傳者。後代作者，宜致意焉。公筆記首葉書『善女人目』四字，蓋有纂述之意而未果者。筆記輯有數條曰：晉陵黃氏二女，長名持法，次名慧忍，見《佛祖統紀》四十一；尼慈和，見《金石萃編》八十二；尼惠源誌銘『杭州黃三姑，窮理盡性』，見《國史補》上；高娘妙音姑，見《雲南通誌》。

唐興聖寺尼法澄塔銘跋

序稱於至相寺康藏師處聽法，康藏師即賢首國師也。文中『探微洞悟，即是善才；調伏堅持，寧殊海意』，皆用《華嚴》事實。康藏師指謂其住持佛法者，殆許爲華嚴師。所謂『抄華嚴經疏義三卷』，其抄賢首《探玄記》爲之與？賢首創講新經，上足曰慧苑，正脈付清涼，皆著述彪炳藏中。澄以優婆夷得大師印可，又能演義成書，書雖不傳，述《華嚴》者不可不紀此賢勝優婆夷也。又序稱『託事蔣王，求爲離俗』，蔣王者蔣王惲，太宗第七子，當時府官所謂『寧向儋崖振白，不事江滕蔣虢』者也。稱『如意之歲，淫刑肆逞，誣及法師，將扶汝南、謀其義舉』者，史稱惲子煒初王汝南，惲薨，嗣王爲武后所害，是其事也。如意元年，即則天天授二年，煒以舉義死，蓋繼琅琊王沖、越王貞而起者。《通鑑》書其事於永昌元年，先三年，又不詳煒舉義事，當以此銘所敍補之。

法澄蓋蔣王府内人，出家奉道，仍以扶義之嫌得禍，其性行固非尋常女子矣。菩薩化身，後宮説法，度明空（手稿明空二字實似曌字，惟距離略遠，則又似二字。然明空不知所出，待考。）亦無如之何。撰書人嗣彭王志暕，爲霍王元軌之孫，牝朝革命，酷憤同情，其指斥無諱宜也。

義琬禪師墓誌跋

義琬不見《僧傳》《燈録》，行履無考。然曰『紹嵩岳會善大安禪師智印』，大安禪師即《燈録》慧安國師，得法黄梅，則琬固黄梅再傳法嗣也。破竈墮、元珪皆同參，則汾陽奏中所謂『智海舟杭，釋門龍象，心超覺路，遠近歸依』者，當非虛美。當（手稿此字右上加兩點，似已乙。然於文義不可去，仍之。）補列入五祖下三世系中。

支提龕銘跋

銘後述二大德行記，述義紭、妙善、悉曇譯《金光明經》《薩婆多律》《掌珍論》等三百餘卷，並詮辭證義，筆授綴文，名播二京。其時僧衆，咸號法師大乘紭矣。案唐世譯經之制，自主譯人外，參預其事者，其名目有證義，有證文，有筆授，進上時皆列名經首。據記所稱，《金光明經》《薩婆多律》等三百餘卷，以《開元録》核之，皆義淨主譯。然則紭蓋久從義淨譯席者。《録》與《僧傳》三，列天后孝和睿宗時淨所譯經目，證文筆授證義諸大德復禮、慧表、智積、法寶、法藏、德感、勝莊、神英、仁亮、大儀、兹訓等名字具存，而紭名不見。當係出使乾陀羅，遂離譯席，進經在後，故名不預乎？所謂『迎得三藏鄔帝弟婆』者，即《開元録》之鄔帝提婆，亦佐義淨譯經於大薦福寺者，《高僧傳》亦不見其名。大抵贊寧蒐採，所闕甚多。凡此諸碑，若有依彭氏《五代史》例注《宋僧傳》者，皆不可不收入者也。

無畏不空禪師塔記跋

此記全録釋念常《佛祖通載》文，前兩段《通載》記事之文，後一段論則念常論密宗語也。念常爲吾禾沙門，其書成於元順帝至正二年，此石殆明人所刻耳。

大證禪師碑跋

曇真名不見《僧傳》，《燈録》亦無之。傳法於大照普寂，分席於廣德，又繼廣德領衆，有司奏謚，賜號大證，固當時緇流赫赫者。碑言『忍傳大通，大通傳大照，大照傳廣德，廣德傳師。此碑傳本多闕文，據《文苑英華》，師上有『大』字。一一授香，一一摩頂，相承如嫡，密付法印』，則大證固大通下第三傳正統也。《燈録》删略北宗不必論，贊寧傳闕大證，並闕廣德，則疏略太甚矣。獨孤《毘陵集》有《舒州山谷寺覺敍塔原注：《佛祖通載》録此文，『覺敍』作『覺寂』，是也。隋故鏡智禪師塔銘》，三祖璨塔銘也。其敍化蹟曰『雙峰大師道信以道傳宏忍，忍公傳慧能、神秀。能公退而老於曹溪，其嗣無聞焉。秀公傳普寂，寂公之門徒萬，升堂者六十三，得自在慧者，一曰宏正，正公之廊廡，龍象又倍焉。或化嵩洛，或之荆吴，自是心教之被於世也，與六籍侔盛』云云。此碑廣德，或即彼碑宏正賜號與？

化度寺邕禪師塔銘跋

邕學禪於稠禪師，稠爲佛陀禪師再傳，卒與齊文宣同歲。邕從授禪法，逮於隋世，夏臘已高，而一見信行，傾心遵奉，可知三階之學，與稠師禪法苦行之旨，有相合者已。《寶刻類編》録方琬書化度寺三階院尊勝陀羅尼石柱，貞元十六年刻。邕之子孫，流傳蓋遠。

《續傳·信行傳》：『於京師置寺五所，即化度、光明、慈門、慧日、宏美是也。』然則化度固三階宗寺，別立三階院者，傳稱『開皇初，被召入京，僕射高熲邀延住真寂寺，立院處之，撰《三階集録》』云云。考《長安志》，化度寺本隋真寂寺，開皇三年，左僕射齊國公高熲捨宅造。然則此寺乃禪師興教《寶刻叢編》，長安縣唐信行禪師興教碑，《集古録目》云：『於禪師事迹，無所敍述，但爲讚美之辭而已，謂之興教。』此興教二字所出。之初地，此院乃高熲所立，信行著書之靈址也。據志，光明寺在開明坊，慈門寺在延壽坊，開皇六年刑部尚書萬安公李圓通所立，神龍中改懿德；慧日寺在懷德坊，開皇六年立，惟宏善不見耳。

韋述《兩京新記》：『化度寺，隋左僕射齊公高熲捨宅爲寺。時有信行自山東來，熲立院以處之，乃撰《三階集》三十餘卷，大抵以精苦忍辱爲宗，言人有三等，賢、愚、中庸，今並教之，故以三階爲名。其化頗行，故爲化度寺。寺內有無盡藏院，即信行所立。京城施捨，後漸崇盛。貞觀之後，錢帛金繡，積聚不可勝計。常使名僧監藏，供天下伽藍脩理。燕、涼、蜀、趙，咸來取給。每日所出，亦不勝計。或有舉便，亦不作文約，但任至期還送而已。貞觀中，有裴元智者，戒行脩理，入寺灑掃。十數年間，寺內徒衆，以其行無玷缺，使守此藏，後密盜黄金，前後所漸，略不知數，衆莫之知也。後便不還，衆驚睹其房寢，内題詩云：「將軍遺狼□，放置狗前頭。自非阿羅漢，誰能免作偷。」竟不知所之。武太后移此藏於東都福先寺，天下物□，遂不復集，乃還移舊所。開元勑令毁除，所有錢帛，供京城諸寺修葺，其事遂廢。』此化度故事可紀者。信禪師創五寺於長安，仍創無盡藏以供天下伽藍修葺，宏願偉力，可法可驚。其召同道之忌，得非以檀施偏盛乎？

淨業寺故大德法藏禪師塔銘跋

唐有三法藏：其一賢首法師，爲華嚴宗第五祖；其二鄜州寶臺寺法藏，見《宋高僧傳》二十七《興福篇》；其三此法藏也。賢首道行於則天時，此師亦顯於則天時；賢首寂於先天元年，此師寂於開元二年，相差僅二年。鄜州法藏，似亦盛唐時人，特傳不紀年，無可證耳。文言：『自佛入般涅槃，於今千五百年矣。聖人不見，正法陵夷。即有善華月法師、樂見離車菩薩，愍兹絶紐，並演三階，其教未行，咸遭弑戮。有隋信行法師興，在世造舟爲梁，大開普敬認惡之宗，將藥破病之説，撰成數十餘卷，名曰《集録》。禪師靡不探賾索隱，鉤深致遠，守而勿失，作禮奉行。弟子將恐頽其風聲，故掇其景行，記之於石。』按所稱善華月法師、樂見離車菩薩，蓋三階宗之鼻祖，尚在信行法師前。其名字似西土聖賢，遭弒戮當亦西土之事。三階宗稱禪師，道宣《續高僧傳》亦列信行於《習禪篇》也。

大理國淵公塔碑銘跋

元發合思巴，即《元史》所謂帝師帕思巴，所撰《彰所知論》，述廣興佛教諸國，曰梵天竺國、迦溼彌羅國、勒、原注：疑「疏勒」脱「疏」字。龜茲國、捏巴辣國、震旦國、大理國、西夏國等。諸法王衆，各於本國，興隆佛法。敍大理於西夏之前。南詔蒙氏，亡於唐昭宗光化五年，段氏得國於後晉天福二年，改號大理，蓋先於趙元昊改元僭號習浮圖法九十餘年也。南詔近吐蕃，而不崇佛法，見於樊綽書者，僅攻安南城胡僧持咒一事，在世隆時。崇聖寺鐘建極十二年，亦世隆年號。其世代適當吐蕃經教盡廢之時。得非先以拒吐蕃並拒佛法，及是吐蕃既衰，乃納其逋逃而爲之主邪？段氏自第六世素隆避位爲僧，其後若成爲家法。而高氏父兄子弟，奉法誠至，如諸石刻，可見其上下同風。段氏之興，適當吐蕃葉舍依鄂特喇嘛、隴吉汗兄弟重興佛教之時，昭阿迪沙提唱淨戒，抑制密乘，大理密邇吐蕃，密乘遺跡，不少概見，得非受昭阿迪沙之感應乎？

此銘撰文人趙佑，頗通華嚴宗義，亦多宗門家言，似漸染宋代學風者。獨所稱元凝尊者《家譜宗系》曰：『自觀音傳於施氏，施氏傳於道悟國師，國師傳於元凝，元凝傳於淵公。』自元凝上溯觀音僅三世，大似《西域玄談》金剛智之於龍樹者。此元凝之學，必非傳自華僧，而傳自西蕃或西域，蓋可必也。高氏歸依三寶，手稿前行有眉注云：『《趙州志》，華藏寺在城西南華藏山，唐高將軍建。遍知寺，在城北儀鳳山，亦唐高將軍建。』當在此處。而高昇太歸政於前，高太祥殉國於後，忠誠壹德，報答四恩，《興寶寺德化銘》稱其『君臣之義最高』，良非虚美。淵公爲昇太玄孫，未知於太祥輩行何若。碑立於宋嘉定十三年，下去大理之亡，才三十年餘耳。

《新唐·藝文志》釋氏類：『《七科義狀》一卷，雲南國使段立問，僧悟達對。』此則段氏之先問法於華僧者。悟達國師知玄，賜號在僖宗幸蜀後，亦唐末事也。

大理國淵公塔銘第二跋

此銘《雲南通志》謂之《皎淵碑》，而不録銘文，意拓本不易得與？云『段智祥爲皎淵立』。《大理府志》言皎淵所立，誤也。

字畫中寬而外狹，異於他碑。

檢『仙釋門』，水目四高僧，曰阿標，曰普濟，曰淨妙，曰皎淵；獨詳阿標市蔬酪神異，而皎淵無一字稱述，且録諸唐世，亦未見此碑之證也。阿標在淵公後，普濟參崇聖寺道悟，開水目山，在淵公前。《志》謂其曾參馬祖石頭，回滇在唐元和八年。此蓋明人以崇聖道悟認爲《傳燈》天皇道悟，影撰禪迹。崇聖寺在大理城北，天皇道悟安得至斯。崇聖道悟一傳爲元凝，二傳爲皎淵，當宋季。天皇法系之傳癡絶、已庵，已至十七八世，而在滇僅兩世，有是理乎？崇聖道悟開心宗於滇南，自是一宗禪伯。不可強附天皇，没其行實。其人約當在南北宋間，亦不可強謂唐人，紊其時代也。

銘中施氏，志作施頭陀，葉榆人，通禪悟，勤禮誦，宗家以爲得觀音圓通心印。其法嗣皆以道行聞，一傳道悟，再傳元凝，又有李成眉、買得、《雲南通志》作『買順』，云從李成眉薙染，走大方，見天皇悟和尚。此疑筆誤。禪陀子三人事，皆援道悟爲重。獨道悟不見稱述，則妄爲比附者之過也。據道悟、元凝爲比勘，釋家中可定爲宋世而非唐世者，得六七人。其他事迹中無年紀者，殆亦段世居半。蓋有年紀如普濟，尚不足憑，無年紀之事實，更無論也。

南詔徑通天竺，路里記在《唐書》，七師皆西竺似應作西天竺人。公別紙記曰：『張子辰習天竺持名之法，南詔七師之一。』又曰：『尹嵯酋、楊法津、董奬疋、蒙閣陂、李畔富、段道超，皆西天竺人。南詔禮致，教其國人，號曰七師，常諷南詔尊唐。當本《通志》。』贊陀崛多爲國師，摩竭陀人。公別紙記曰：『贊陀崛多尊者，西域摩伽國僧，蒙詔稱以國師。亦本《通志》。』摩伽陀傳瑜伽教，天竺人。尹嵯酋以呪術敗吐蕃，公別紙記曰：『尹嵯酋，異牟尋時持呪勝吐蕃。』疑亦傳天竺法，或華僧密宗者，上既云七師皆西天竺人，尹嵯酋爲七師之一，何又疑其爲華僧密宗者邪？待詳。非吐蕃系也。惟中傳荷澤宗，蓋遂州圓之衣鉢。戒照天寶間於安寧開曹溪寺，皆華僧卓然可紀者。至道悟而大光，蒼山龍象，豈必遂遜荊州。黔南且有《會燈録》，滇有名僧，豈無以表彰其古德邪？

跋黃庭經

黃長睿據陶隱居《真誥》敍録，言《黃庭經》晉哀帝興寧二年始降於世，王逸少卒於穆帝昇平五年，安得預書之。弇州據隱居與梁武論表有《黃庭》破之，是已。愚案《七籤·上清經述》，魏賢安於汲郡修武縣山中，遇諸真降授《上清經》卷，暘谷真人别授《黃庭内景》，乃在晉惠帝時。西晉初年，黃庭先已降世。《真誥》所記，特就夫人降楊君時言之耳。魏夫人長子劉璞，先嘗傳靈符於楊，其小息遐，爲會稽時，携夫人巾箱法衣，並有經書自隨，供養在山陰山中。隱居尋求未獲。亦見《翼真檢》末，然則夫人所受經訣，人間自有别本。逸少書在山陰，安知非劉遐家本邪？又案《登真隱訣》《穀仙甘草方》後隱居按云：『王君初降真之時，是晉元康九年冬於汲郡修武縣廨内。夫人時應年四十八。及隱景去世之時，年八十三歲也。受此方晉成帝咸和八年甲午歲，則夫人從服藥已來三十五年矣。』此敍夫人年歲詳確。今本《七籤·上清經述》謂晉成帝降真，誤也。

宋拓澄清堂帖跋

《澄清堂帖》爲宋刻，灼然無疑。王損齋譏香光誤記『澄心堂』爲『澄清』，認爲南唐建業文房刻本之謬，辨析極明。然覃溪緣此遂指爲南宋書估刻本，一若澄清堂猶建安余氏之勤有堂、月新堂金箋孫太守兆蕃校云：月新堂，有誤字否？鄙陋但知劉氏日新堂耳。者，則大不然。無論此刻精美，非書肆草草射利之比，且『澄清』取『攬轡澄清』古語，亦豈似書肆標著乎？宋世廨舍堂閣，多以清心、清風、中和、澄清名，泰州常平茶鹽司、潼川府憲司、廣州轉運司皆有澄清堂。而當時如《汝帖》《潭帖》《姑熟帖》《荔枝樓帖》石刻皆在郡齋或帥司書庫。然則此《澄清堂帖》爲官本無疑，第爲《泰州帖》《潼川帖》《廣州帖》則不可知耳。

此帖豐腴清勁，用意與《臨江》《星鳳》《會稽》《群玉》《世綵》不同。疑其原本非出《淳化》。泐處皴剥，石蓋不堅。又疑其爲蜀石，或徑是潼川府憲司所刻。而《法帖譜系》所謂『蜀帖數卷，次序高低，同長沙古帖，亦間有增減』者，豈即此邪？南宋諸家，蜀石蒐討頗疏。元代吴、蜀彌爲隔越。名字罕傳，蓋由於此。曹士冕且不敢臆說，今益無由質言耳。

此帖明末有二刻，一來禽館重摹，與《十七帖》同刻，後有王穉登跋，余齋中有之。《十七帖》別一本，與此本所刻，次第不同。一新安吴周生楨重刻五卷本，見《清儀閣題跋》，余有殘本，卷首爲定武《蘭亭》，刻工筆意，略與『來禽』相同，來禽石固亦吴所刻也。梁聞山評書帖，謂來禽《澄清》，瘦健可愛。此正子愿用意，香光心賞之處。然持較此冊，則如來具三十二相，初地菩薩固不能一一具足矣。本朝覆刻二，一耆介春家本，一海山仙館本。耆氏本極清雅，蓋又從吴本出。海仙本質木無文，則無可尋味矣。

研尋久之，又得一證。《法帖譜系》云：『《利州帖》者，慶元中四川總領權安節，以《戲魚堂帖》並釋文，重刻石於益昌官舍，權江州安德人，釋文字畫較《臨江帖》爲稍大。』今案益昌即利州舊時郡名，而《輿地紀勝》利州路按刑司，恰有堂曰『澄清』，乃知明以來所稱《澄清堂帖》，即宋人所稱《利州帖》。三百餘年疑案，一朝決破，爲之快絕。

宋拓《澄清堂》，邵伯英有二册，姚仲虞亂中得六册，有香光、眉公題識，疑《戲鴻》祖本。邵有覃溪此下有奪字，或『跋』字，或『題識』。疑者刻祖本也。

《洞天清祿集》《法帖譜系》並紀《閣帖》有三山本。宋世習稱福州爲三山，而福州提刑司有澄清堂，則此帖爲利州爲福州，蓋未可定。然三山是木刻，而此拓顯呈石理，則仍以屬利州爲長。

記鬱岡帖第七卷晉索靖月儀帖後

下《唐無名書月儀跋》與此手跡，皆近安吳，間有似濂亭者。跋末段署光緒己丑。己丑公四十歲，則此當亦此時作矣。

蕭子雲書《月儀帖》在江西臨江府學。《金石林時地考》

《山谷文集》二十六《續法帖跋》云：『往在館中，一觀李懷琳臨右軍《絕交書》，絕有奇特處。此刻才十得一二爾。又智永十八行，判作右軍書，蕭子雲臨，索征西便判作靖書。此等難使鄭彰輩任其責。』據此，則標題索靖，唐無名書，亦《續帖》原式。

二月章『叐時讚宜』，舊釋作『及時』。竊疑當釋作『與時』。金云：宋仲溫嘗作章草，與正作『叐』。《急就》『與』字兩見，均作『乆』，省變所由不可識。爲傳刻舛誤無疑。若依此作『廴』，則於八分『与』字相近。而後來草家『與』作『彡』，亦可得其所出矣。『彡』與『与』亦不相似，又從『廴』省耳。七月章『與子少舊』可證。

王篛林不信《月儀》，謂其文不類六代。然《昭明集》有《十二月錦帶書》，其體即《月儀》類也。征西書語意質古，爲漢魏間人語漢明帝愛北海王睦書，驛馬令作草書尺牘十紙，此豫擬書牘，即《月儀》之濫觴也。則東漢初已有此體，公言良然。無疑。亦或草書家相傳舊文，不必自制也。《太平御覽·書目》，有王羲之《月儀帖》。

《月儀》筆勢頗有足與《夏承碑》相發者。中如卞莊作卞壯，璣運作機運，信李『李』下似奪一『作』字。信理，皆漢隸假借之遺，疑出季漢人手書。詞伉爽，亦其時習尚然也。

《鬱岡》所刻，多摹宋《祕閣續帖》。《寶章集》《續帖》卷六也。索靖《月儀》《續帖》卷七也。《絕交書》《續帖》卷九也。無名人《月儀》《續帖》卷十也，明季有重刻『祕閣帖』者，則又據此刻增飾之。《續閣帖》目，見《石刻鋪敍》。

以第三章『門有縉紳之盛』『盛』字校之，此『盛』恰闕中豎，蓋子雲避蕭道成諱，摹本填補未盡者。他處固皆補足矣。或不識此意，釋爲他字，則甚誤也。此爲第二章之眉注。

跋殘本婁壽碑

傳古碑有二法，一者摹刻，一者雙鉤，論者多左袒雙鉤。然余見《婁壽》原刻雙鉤本所得，猶不若此覆本所得多也。要之非親接中郎，不能識虎賁似處。宣統庚戌，孺卿記。

雙鉤不廓填，非古法也。唐人雙鉤，固無不廓填者，偶或未填，功未竟耳。此刻至拙，鉤本極工，工者竟無以勝拙，足知古人廓填之有意也。

跋定武真影蘭亭帖

此爲定武真影，不知誰氏所刻，要當在明世以前。

跋十七帖

李西臺跋《十七帖》云：『鍾紹京記十七帖，實二十五帖，一百二十行。今王著家本，驗其本蓋二十七帖，與紹京記異。今本除真書果子名，蓋一百二十七行。』

此本帖數行數，均與西臺之説相符。西臺跋在黄長睿本上。然則此本所自出，其即長睿所謂先唐舊刻耶？　檷窻記。

唐無名書月儀跋

《東觀餘論》謂祕閣續帖第十卷，文陋字惡，即指此無名氏《月儀》也。書果平近，無復魏晉人手意。第當時内府唐人書跡甚多，獨收此書，亦當有意。劉燾、蔡京皆非不能鑒别者，正當闕疑載疑，不必遽作取去論也。

隋僧智永《月儀》墨跡，草書，黄麻紙本，小楷釋文，經明昌御府所藏，極淳古，惜不全，見《墨緣彙觀録》。

光緒己丑臘前二日，從張少原給諫處假得長沙徐氏宋拓《祕閣續帖》殘本，中有此卷，首題《歷代續法帖》第十，次行標唐無名人書。籤題極清妍，結體用柳，而抽鋒如徽宗瘦金書，極可愛玩。六月後皆闕，而二月書原鈔作『書』字，公手校改『之』字。檢手稿正作『書』字，下亦有『五月書』之文，則作『書』爲是。鱗字桃字，云何期字，五月書常字、嘆字、斯字，並完好無泐損。是拓尚在王氏祖本前矣。細意相校，行款高下，筆畫纖穠，摹泐逼真。第原帖從墨跡體出，手稿原鈔皆作『之』字，公手校原鈔，改作『出』字。筆勢較有輕重之跡，自注：亦甚微。書意略可尋繹耳。書果不佳，無怪爲長睿所詆。以唐人碑刻擬之，正與《實際寺碑》相似。

潘允諒本淳化閣帖跋

此本錠痕補痕，與顧氏考異所記潘本並同。九卷《思戀帖》旁『九卷』三字，既曰『三字』，則『九卷』上應有『第』字。五卷《何氏書》行間，『第五卷十四張範』七字亦相合，惟六卷《司州供給帖》旁郭奇一行，九卷『鬱鬱澗底松』右『第九卷十四』五字不可見。

顧氏玉泓館淳化閣帖跋

《考異》五卷末《古法帖》下注云：『案余新本失摹「帖」字，因傳榻已多，不復補完。』此本正闕『帖』字，其爲顧本無疑。顧借潘本摹刻，而潘刻較瘦，顧刻較肥。王穉登跋潘氏刻石，所謂摹刻傷肥者，蓋即指顧本言之。然以内府摹本衡之，《淳化》樸厚之風，顧刻猶爲較近。潘本清潤，乃微有《太清樓帖》《祕閣續帖》風韻耳。自注：周公謹印，潘在帖後，顧在年月上。

顧氏有世綵堂重摹本《閣帖》，即以所摹潘氏油素裝附其後，董文敏爲跋。見《詒晉齋集》。孫月峰云：『章簡甫爲顧氏刻《閣帖》，其《袁生帖》從《真賞》墨跡體出，便覺神采不凡。』

然則此本是章簡甫鐫勒，宜其與墨池氣分相近也。

《法帖釋文》卷一梁高帝條下注云：潘得袁褧之閣本，顧從義所得，蟲損閣本，標目下有小『二』字。然則顧氏自有宋本《閣帖》，意蟲損難摹，故假用潘本耳。今顧本標目下無『二』字，而潘本武帝書有『一』字，高帝下有『二』字。

大觀太清樓帖跋

淡墨本不知何許刻，疑是海寧本，考證與顧說皆合，惟《宣示表》，度其旁不見『臣張長吉、張仲文』小字，東晉元帝末行下，有『臣龍𤅢』三小字，東晉簡文書『莫大』之下，闕『祀天下』三字，『率由』下闕『舊章慰』三字，唐太宗《知公所苦帖》『可慰』左外有『臣曹輔』三字，卷二王洽《不孝帖》『筆哽』右旁，有『臣龍𤅢』三字，前後並卷中標目，並秀宕可愛。

肥本極有神采，紙墨均舊，然終卷無刻工名。而又有《鵲不佳帖》，索價過昂，以覃溪說愍置之。然刻拓之精。誠爲罕睹，可決其必非《寶賢》舊拓贋爲者。

瘦本有『張長吉、張仲文』小字，拓亦舊，卻似木本。同時見三《大觀》，亦難得事。徐壇長名帖無不覆刻之信，其信張叔未專據刻工名驗真本，不足憑也。

翁氏謂《大觀》有《裹鮓》原鈔作『裹鮓』，誤。考右軍有《裹鮓帖》，今正。《鵲不佳》兩帖者，皆碑估以

《寶賢》僞作，蓋孟浪之言，未經詳校耳。

肥瘦二本，均有二帖，而字畫與題目，與《寶賢》均有不同。《寶賢》絕無泐闕，而二本多泐闕，與梁茝林所記嚴分宜本。一一脗合。翁蓋自完《大觀》無翻刻之論耳。合此三本，顯然三刻，合之梁氏所藏老儒薛氏本，則《大觀》已有四翻刻矣。

宋拓閣帖殘本跋 此爲潘氏祖本。

芳堅館題跋云：『潘氏祖本，國初藏梁茝林家，後歸陳伯恭。歲甲申，陳氏出以求售，留小齋旬日，值昂不能得，迄今追念。』植案伯恭與覃溪至稔，家有此刻，而覃溪絕未談及，事之不可解者。

此殘本第九卷墨色黝然，刻工精美而質厚。顧氏記潘本第九卷思戀帖旁有『第九卷』三小字，『鬱鬱澗底松』旁有『第九卷十四』五小字，與此皆合。而字畫肥而有樸氣，又與肅本相近。孫北海、翁覃溪皆稱肅本近古，見此乃知其言指意。然樸而實腴，渾淪華美，固非肅本所可擬也。

王百穀跋潘氏覆本，頗議顧本傷肥。汪砢玉《珊瑚綱》亦有潘、顧均以賈似道本重摹而潘瘦顧肥之論。今以此本校之，則顧氏刻意圓渾，實有傷於肥重者。而潘氏本風韻雖佳，古意略失。一則鉤勒微溢於外，一則鉤摹微抑于畫中，豪釐出入，神觀遂殊。此摹刻家所當知耳。

跋星鳳樓帖

世所傳《祕閣續帖》《星鳳樓帖》《戲魚堂帖》《絳帖》《鼎帖》，同一板刻，而隨時易名。其標題及卷末題字，皆別一板拓而裝之，敍次亦隨易。翁氏所稱『僞絳帖』即此物也。以余所見，有拓本甚舊，實爲明代故物者。亦頗見二三零種，行款不異，而神采迥殊。昔賢以宋刻宋拓稱之，審視確然不謬者。據沈德符《野獲編》稱：『《淳熙續帖》，近世亦有翻刻。』則此帖之刻，當在明萬曆季年。沈書自敍在丙午，而紀事迄己未，如此刻在己未以前，則約與王肯堂《鬱岡叁帖》同時。如在丙午前，則尚在王氏刻帖之辛亥歲前五六年矣。舊本之精拓者，頗有神致，雖不及《停雲》《墨池》《鬱岡》，而尚勝《餘清》。《戲鴻》徒以譜系不明，不爲人信，翁氏時稱爲《僞絳貼》，又往往以《翻本元祐祕閣》名之，則亦未有定論。余向以《石刻鋪敍》證之，其《黃庭經》後有『臣遂良臨』四字，又有『建業文房』印，蕭瑀、褚庭誨、孫思邈、狄仁傑、唐明皇批，裴耀卿等奏，李白、胡英、白居易、李德裕、李商隱諸人書，皆淳熙《祕閣續帖》所有，而他本絕無，疑其以《淳熙續閣》重刻，而《續閣帖》不與閣前帖複，此刻則複者甚多。又其中《寶章集》、神龍《蘭亭》、《樂毅論》、《畫像讚》、索靖《月儀》、李懷琳《絕交書》之類，皆《元祐祕閣續帖》所收，非淳熙所有。竹林七賢書，又《汝帖》所收，《元祐續帖》亦無有也。既久而悟其糅雜之因，蓋元祐、淳熙皆有《續帖》，皆刻成未久而石亡，名既相混，見其全者蓋少。

曾宏父書，元明人亦罕述之。而宋時會稽有覆刻《元祐續帖》又覆《汝刻》爲《蘭亭》。《續帖》《寶刻叢編》二帖同條，意當時相附而行。由此推之，此刻初出，蓋本名《淳熙祕閣續帖》，而其祖本實兼有《元祐續帖》在其中。其《元祐續帖》，亦本非太清樓下原石，而乃爲會稽重刻之石，故復羼入《蘭亭》《續帖》所收、《汝帖》中之竹林七賢、崔浩諸書也。其祖本非完帙，故不能與《鋪敍》一一相符。而其本實從宋刻覆雕。故舊本初拓，出於明世者，摹勒精工，神采妍腴，猶可與《墨池》相上下。今如案曾氏所列之目，重加選擇而排比之，尚可用昔賢搜輯逸書之例，存《淳熙續帖》大半於人間，若復明代舊稱則即不加選擇，亦可署爲「爲」一作「之」，金云：疑當作「爲」。《淳熙祕閣續帖》。要之，稱名既正，端緒可尋。此刻自有其本真，而一切書賈妄加之題，皆可削去。其中佳帖如褚臨《黃庭》、神龍《蘭亭》，皆足以爲書家考證之資，其品第固亦不遠出顧刻《閣帖》及《鬱岡》摹《元祐續帖》下也。

姚公綬文飲卷跋

項墨林收藏，姚際恒《好古堂書畫記》著録，品云：樹竹蒼鬱，法梅道人。字法趙吳興。甚精。

唐薛稷杳冥君銘跋 手稿及原鈔本題皆闕，兹據《金石萃編》補。

《陳伯玉集》有《冥漠窅冥君古墳記銘》案：伯玉集有《冥漠君古墳記銘》無『窅冥』二字，二字衍文。代張昌□手稿作『㝃』則章草『寧』字也。原鈔本作『宗』，誤。作。記存銘闕，都元禮引以證冥漠、杳冥之義，非謂彼此爲一也。《萃編》乃謂正指此事。陳文與薛文曷嘗有一語相涉乎？陳文與謝元暉《祭冥漠君文》，事多相類，亦可指爲一事乎？此拓所謂北紙北墨者，極可愛，或竟是《鴻堂》此銘董文敏《戲鴻堂帖》載之，則應作『戲鴻堂』疑奪字，非簡稱也。祖本乎。

題杜工部集 此爲致一齋校刊玉句草堂本。

檍菴行篋閱本，三載以來，不離左右。而生情觸思，日異月殊，語所謂文生情耶？情生文耶？秋日滿庭，老淚濡臆。

書杜詩遺王靜安跋 辛酉。

晚歲讀草堂蜀中諸詩，彌益親切。覺其善道人意中事，寄情於景，寫實於虛，正使元白張姚盡其筆力不能當此老一二諸助詞也。質之高明，以爲何如？

跋魚玄機詩集

玄機從冠帔於咸宜觀，考《長安志》，朱雀街東第三街親仁坊西南隅咸宜女冠觀，睿宗在藩之邸，明皇升極於此。開元置昭成、肅明二皇后廟，謂之儀神廟。二后遷祔爲肅明觀。寶應元年，咸宜公主入道換名焉。以《唐書·公主傳》核之，咸宜公主爲明皇第二十一女，武惠妃所生，史不言其入道，自是闕文。而《宋高僧傳·金剛智傳》中，有明皇所愛第二十五公主久病不救，移卧於咸宜外館，智以密呪追魂事，事在天寶中，則院之立名，不始寶應也。（二十五公主爲太華公主，與咸宜同爲武惠妃生。）《南部新書》戊：『長安戲場多集於慈恩，小者在青龍，其次在薦福、永壽。尼講盛於高唐，名德聚之安國，士大夫之家入道多在咸宜。』然則咸宜固元壇中赫赫者，既多衣冠眷屬，復接禁籞風聲，玄機多與朝官進士酬唱，又暱飛卿，宜爲都人指目。溫璋酷吏，戮以立名，可哀也已。

《長安志》無高唐尼寺，高唐亦不似尼寺之名。檢慈恩寺下，會昌六年詔書，崇敬尼寺改爲唐昌寺，法雲尼寺改爲唐安寺，萬善尼寺改爲延唐寺，三寺名皆有唐字，未知高唐何者誤也？（會昌毀佛，大中抑道，其不敢廢道者，以玄玄爲聖祖耳。《唐語林》七：『宣宗微行至德觀，有女道士盛服濃妝者，歸宮，立召左街功德使。令盡逐去，別選男子住持其觀。』）

宋殘本豫章黃先生文集外集跋

此《豫章黃先生文集》《豫章黃先生外集》雖同爲宋本，而實非一刻。《外集》宋諱闕筆，板心記刻工姓名。《文集》不闕筆，無工名，字畫亦較疏瘦，其非一板顯然。又據史季薌注黃子耕言，『李氏本卷一騷賦，卷二詩，以《贈李次道》爲首，與洪駒父所編不取騷賦，詩以《古風上蘇子瞻》爲首者不同』云云。此本有騷賦，則非洪本，詩首《古風》，非李本審矣。而卷中次敍，仍與李氏全同，得非後人重刻李本者，聞洪氏之説，改其原次邪？《外集》李氏跋，亦全載史注黃譜中。覃谿、藴山所稱引，皆據彼言之。明刻無此跋，有跋宋本，前人未有見者。

此殘葉最爲難得，而板心刻工姓名，與余家所藏《內集》宋本大同，字體肥瘦亦同，乃知《內集》《外集》俱刻於紹興四年，實黃集第一刻本矣。洪氏本刪除太多，疑當時編而未刊，或刊而未行。明刻本源出《江西詩派》，《內集》與此《內集》同，《外集》亦與此《外集》同，非二本也。此即顧氏《百宋一廛賦》所謂『摙三異於豫章之二』。顧言《內集》卷一有朱敦儒、李彤校正字，不知今尚在否？

黃集有洪本、李本之異，治黃學者苦其糾葛而無由分別久矣。不見李跋《外集》，無由證明余所藏《內集》即李本，無由知李本本來面目；不見重翻李本，無由知李本詩冠《古風》所由來。此改刻之本，遂爲百代黃集之祖，李身而洪首，亦思誤之奇適也。

宋殘本劍南詩稿放翁詩稿跋

《書録解題》所録《劍南詩稿》二十卷、《續稿》六十七卷，子遹所刻嚴州本也。汲古閣刻《續稿》六十五卷，案：汲古閣所刻爲八十五卷，非六十五卷，且無《續稿》之稱。子虡所刻江州本也。毛本與陳氏《續稿》卷數，固已不同，而子虡後跋稱『通前後八十五卷』，又云『遺詩七卷，别爲遺稿』，則合前八十五卷應得九十二卷，汲古無《遺稿》，是所得江州本尚非完帙矣。又子虡稱翁自定戊申、己酉後四十卷，題其簽曰《劍南詩續集》，則《續集》止四十卷，何以嚴州本爲六十七卷？江州本爲六十五卷？而鄭師尹序中，何以先有《詩稿》《續稿》之目？《宋志》所録《劍南續稿》，何以有二十一卷之本？此皆疑不能决者。其樞紐殆在鄭氏序中剜損諸字皆要字，極可惜也。別鈔『要字』二字在『可惜』下。

此宋槧本，前題曰《新刊劍南詩稿》，後題曰《放翁劍南詩》，並無《續集》名目，恰與子虡跋中通前後爲八十五卷，名曰《劍南詩稿》語合。然則前《劍南詩稿》爲嚴州本，後之《放翁劍南詩稿》案：後之《放翁劍南詩稿》，蓋即今北京圖書館所藏宋刻《放翁先生劍南詩稿》殘本。爲江州本。一爲子虡刻，一爲子遹刻，故前後紙墨不同，魚尾上一記字數，一不記字數也。其四十二、三、四卷魚尾上，陰文廿三、四、五字，不知所記何數，疑是記舊時卷第者，僅見一冊，亦不能定。

玉楮詩稿跋

此雖萬曆刻本，而流傳甚稀，自吴兔牀已言其難得，岳氏子孫亦未有見者。意其板，明季兵燹亡之，當時摹印不多耳。佐季善藏之。丙辰九月，寐叟。

儲刻晞髮集跋

《晞髮集》，鴛浮閣舊藏三本，一平湖陸氏本，《四庫》所録，收藏家所謂最全本也。一梁茝林家藏舊抄萬曆張氏本，而附以明末只園居士所刻《天地間集》《晞髮近稿》。只園居士，不知何人，其本稱陸五湖手抄，與陸本遺集上所載《近稿》小引語合，意即潘氏所刻，陸氏所未見也。其一大字本明刻，所謂歙本，陸氏大體所祖也。愚於南宋詩人，最喜晞髮，睹異本即收。及今夏乃得此本，是爲《晞髮集》第一刻本，天一閣藏書，陸氏所夢想而不得見者。藏書家亦罕著録。余乃無意得之，且與郊、島、賀舊本俱來，異已。先一月，别得舊抄《所南集》，亦精美可喜，插架相望，秋魂鬼語，辮髮老人徘徊其下，援筆記之。乙翁。

跋投筆集

蒙叟《投筆集》二手稿同，疑奪『卷』字。凡詩一百八首，題爲《後秋興用杜韻》者，十三疊，九十六首，應作一百四首。自題前後四首。前二疊，國姓攻金陵時作，後七疊，皆爲永明王作，中間三四五疊，作於國姓兵敗後。情詞隱約，似身在事中者。其書晚出，流布市井，士大夫不樂觀，疑近人僞造。然以選詞用事察之，誠是叟筆，非他人所能爲也。

明季固多奇女子，沈雲英、畢著，武烈久著聞於世。黔有丁國祥，皖有黄夫人，浙海有阮姑娘，其事其人，皆卓犖可傳。而黄阮二人，皆與柳如是通聲氣，蒙叟通海，蓋若柳主之者，異哉！黄夫人見《廣陽雜記》，余别有考。阮姑娘見《刼灰録》案《刼灰録》近人景印於《明季史料叢刊》中。云：『甲午正月，張名振兵至京口，參將阮姑娘殁於陣。』此第三疊『娘子繡旗營壘倒』。注云：『張定西謂阮姑娘，吾當使汝抱刀侍柳夫人，阮喜而受命。舟山之役，中流矢而殞，惜哉！』京口、舟山，殁地不同，當以詩爲得實。阮之官爲參將，正與沈雲英官游擊同，其稱曰姑娘，蓋女子未嫁者，亦與沈、畢同。張定西與蕩湖伯阮進合兵，姑娘其蕩湖家屬與？

詩又云：『破除服珥裝羅漢。』注云：『姚神武有先裝五百羅漢之議，内子盡橐以資之。始成一軍。』又云：『將軍鐵矟鼓音違。』注云：『乙未八月，神武血戰死崇明城下。』考徐氏《小腆紀年》：『順治癸巳三月，明定西侯張名振以朱成功之師入長江，破京口，截長江，駐崇明。平原將軍姚志倬、誠意伯劉孔昭，以衆來依。甲午正月，名振復以朱成功之師入長江，祭孝陵，敗於崇明。仁武伯平原將軍姚志倬戰死。』注『神武』即『仁武』音譌，當時以姚、劉歸張壯張軍勢，而姚軍藉柳如是槖資以成。如是所經營，不可謂小，定西欲令阮姑娘侍之，宜也。

書龔定庵文集後 驗手稿字跡，爲公少作。

才非盛世之所有也。盛世之民，渾渾淳淳而已。中聲以爲言，中制以爲行，中氣以爲養。無過聽之聲，固無蕩心者以發其聲也。無眩視之色，固無有耀神者以發其色也。才之興，其於中古乎？智與愚角，智又與智角，尤智者又與群智角，其間有通天人齊古今之智者出，則又與尤智者角，尤智者或抑首喙氣，不敢與角焉。於是才之量成，而才之事亦極。其聲非尋常之聲也，其色非尋常之色也。其迴薄激宕，江海不足以爲深，山岳不足以爲高。群天下魁儒、碩學、長德、偉人、大豪、大奸邪、大盜、大猾，震之、駭之、頌之、讚之、擯棄之、絕之，而其幽靈殊異之心。原鈔本『心』字闕。孫校據手稿謂似『心』字。詳審誠然。據補。疏通知遠，手稿及原鈔本皆作『疏遠知遠』。孫校云：『疏遠』當作『疏通』。『疏通知遠』，《禮記·經解篇》語也。說是。據正。體物無遺之智，手稿『智』字原作『量』。後改，而『量』字未乙去。如電入物，如水注地，積微造微，泯然藏密，不可思議。嗚呼！古之狂者與？狂者不知□原鈔作『其』，審手稿，非是，闕疑。聲之□□如此否也。其亦所謂狷者與？其於世道不爲有補，亦不與無益之秕言比。聖人不可作矣，斯人之才，吾不知居古者何等也？吾心所獨，其受之，吾心若有充然滿志者。手稿初作『吾心所受，有充然滿志者』。繼於『所』下添『獨其』二字，『受』下添『之吾心若』四字。愚意『吾心所』三字乙去，於文爲順。原鈔『獨』作『得』，既『吾心所得』，又曰『受之吾心』，義複，非是。蓋繇『獨』字草書近『得』而譌也。爰題其後，以訊世之知言者，以爲此『此』字疑衍。定庵之才，數百年所僅有也。原鈔此段作『此定庵之才，亦數百年所僅有也。爰題其後，以訊世之知言者』。審手稿，句乙甚明，而故爲顛倒，豈以意改之邪？雖亦可通，然失公之舊矣。且『此定庵』之上，原有『以爲』二字，乃爲刪去。『才』下『亦』字，本已乙去，乃復存之，不知何故。今一仍原文。又案：稿尾別有『不足以殫其明屈拙，其威神也，世之見者』三句，不知應添於何處？姑附後待考。

豐人季魯詩世學手稿跋

豐人翁經學博辨，不減毛西河。西河《仲氏易》，實襲人翁故智。世人尊西河而絀人學，孫益庵廣文德謙校云『人學』，『學』疑『翁』。甚可怪也。書則弇山、月峰以來，久經定論，世無異詞。而真跡乃至罕見。此《魯詩世學》四册，數十萬言，十之八爲翁手寫，懸腕雙鉤，愈草草，愈見腕力之妙。去月見楓林黄氏所藏文衡山所書一年詩草，功力相等，而神骨不及此也。左季新得此，持以原作『此』，依孫校改。見示，借題數語，爲翁稍抒鬱抑。丙辰秋季。寐叟。

沈石田山水卷跋

孫校云：題當爲『沈石田山水長卷』，與下只是一篇，上跋既注明李鄴跋，則是舊跋也。金校云：讀後跋，乃别一畫卷。案：金校是也。『李鄴』乃『李鄉』之誤，詳下。

水墨滃鬱，酣恣醇厚，末題云：『輞川句子漚波畫，秀絕精神千古逢。幽夢秋來落何處，碧煙芳草白雲峰。弘治丙辰秋八月，有竹居漫筆，長洲沈周。』自注：是歲先生年七十。石田此卷，想其縱筆之時，不復爲作畫，故大勢點染，機孫校云：『機』似『幾』字之誤。如立就。古人得意處往往以無意得之，是邪非邪？畫以人重邪？人以畫重邪？展卷應作如是觀。乙酉孟冬日，雨窗記。踵息子李鄴。李鄴恐是李鄉，公題名往往作此，如《陳老蓮畫跋》，又作李鄉農，如《潘刻淳化閣帖跋》《陳仲美畫跋》，蓋義取檇李，非别有李鄴也。『踵息』爲公齋名，跋尾屢見，如《東陽宋拓本蘭亭敍跋》。或以稱軒，如《宋拓聖教序跋》。則踵息子亦公别署也。

石田長卷跋

此卷筆力縱横，略與意園所致《匏庵送行卷》相近，而墨法間有未極渾融處，據此則必非前一卷，否則不應褒貶不同乃耳。意紙質太新，或畫成太速，渲染之事未盡故耳。别紙自題云：『隨物賦形，任之於筆硯，其妙在執筆硯者。筆硯豈能事乎？此長卷，余所戲作，能事自詫，但寄意江山，在得其曠遠以自適耳。觀者毋以筆法求也。沈周。』又另紙姚跋云：『沈氏累代力學，而不求仕。矧其戚屬，又饒顯宦，奚難汲引。意其邱壑緣□孫校云：『緣』下有奪字，未知是『深』字否。仕途興淡，故爾詩畫遂出人頭地，名當世而垂後世，若操券待耳。兹卷雖草草不工處，具有力量，悉從黄鶴山樵變化中來，可爲知者道也。客持此索題，迅筆識之。嘉禾雲東外史綬。』印三：『江南水竹邨』『紫霞滄洲』『嘉興姚綬』。枯筆澹墨，草偃風行，而筆勢極其圓足，侍御書合作也。卷長至三丈餘，飛鳧人嫌其霸氣，余以微値得之。

仇實甫桃源圖卷記

原鈔作『跋』，金校云：此文乃先生記所見耳，非跋也。從之。《寐叟題跋》有《仇實甫桃源圖卷跋》四篇，即跋此卷，合此則首尾完具矣。

卷後文衡山書『桃源記』字大如錢，沉著酣暢，極有精采。後跋云：『余昔於徐氏見趙伯驌畫《桃源圖》，愛其精妙絕倫，真可謂神品不可多□孫校云：『多』下當有奪字，或係『見』字、『得』字之類。故閑一借觀焉。近爲好古者取去，不復再見矣。此卷乃仇實甫所臨，有客持以索題，實父得古人筆意，而此卷臨摹尤精，雖神妙不逮，而規模宛然，亦庶似人之喜也。今實父亦已去世矣，宜珍藏之。嘉靖甲寅二月既望，徵明識，時年八十有五。』卷首八分『避秦處』三大字，亦衡老題。

王司農嚴灘釣臺立軸跋

自題『嚴灘原鈔作『瀨』由聲言之，似應作『灘』，且題亦作『嚴灘』，今正。七里釣案原鈔有奪字，疑是『魚』字。臺，複壁重岡掩復開。行到煙霞最深處，水窮雲起不知回。康熙乙未春日，仿一峰老人。婁東王原祁麓臺』。司農卒於康熙五十四『四』下當奪『年』字。乙未，壽七十四，而不知其卒月。陸潤之所見書畫，載爲愛翁仿大癡軸，款署乙未七月，陸氏稱爲絕筆。意其說有所受之。原鈔此下有『此軸色墨』四字，蓋未完之作。

郭起庭山水評

郭氏三世以畫世其家，其豪翰風流，淵源心法，喻若王謝子弟。然餔啜風味，自異常人。又若三世醫，祕方奇效，皆積世積驗也。起庭兼得介兹之學，抗志越俗，其畫不肯一筆落嘉靖以後。基於是，上躋北宋先唐，應世而不順世。此余所最心契者。壬戌孟陬，寐叟沈曾植識。

洪琴西先生手札跋

原作『孫琴西』，非也。洪琴西，名汝奎，湖北漢陽人，道光二十四年舉人，同治初，洊保至江南道員。光緒五年，特擢廣東鹽運使，調兩淮。方期大有爲，而江寧三牌樓之獄起，汝奎失察，褫職遣戍。未幾赦歸，病卒。《清史稿》有傳，故跋文有『萬里荷戈』云云。公詩集亦有《題洪琴西都轉塞上春還圖》。

昔嘗聞琴西先生實傳六安吴氏學説，治行清嚴，爲一時諸公所重。顧亦以是爲異趣所忌，千里之駕，躓於蟻蛭，論世者不能不爲人才惜也。讀先生辭曾文正書，怵然於仕路險巇，志存退隱，蓋自斷有素者。萬里荷戈，無幾微悲憤之意，其所養蓋深遠矣。幼琴二字原闕，據詩集補。觀察以此屬題，輒書敬仰之忱於末簡。

劉雲樵先生草書冊書後

草書原自古大篆，其變化譌略破觚削繁之意，漆書蟲尾之形象，往往與古金文字亭較相通，上且及於龜卜文。其與時代同波流，涉隸而爲章，涉正楷而爲狂草，其點畫形勢，若衛恒所稱『獸跂鳥跱，志在飛移，若珠絕而不離；蜩螗附枝，若遠崕阻碕，就而察之，一步不可移』者；若索靖所稱『科斗鳥篆，類物象形，叡哲變通，意巧茲生』者。曲喻揣侔，微溯迥籀古，固無由通其術語。宋以後僅從八分小篆求之，淺矣。

草書盛於漢代，漢代乃未有專書。自崔、張、皇象、索靖書《急就》，其後有《月儀》，其後有《千文》，皆以習熟筆道，通變備字體。代有賀知章書《孝經》，孫虔禮書《文選·景福殿賦》，自小學浸淫及經子二氏之藏，唐人草書經典蓋多有，儒者希覯焉。

雲樵先生昔以茂宰菘吾鄉，治蹟遍在浙東西，書跡在人間亭壁屏障間者，蓋往往見之，心識其意度。顧宦游未嘗得接言論，晚識潛樓問先生起居，見次公稺樵兄弟，器表若一型，因以想先生高致，寢處山澤，若親見之。先生既老，益以草書自娱。積若干年，自《孝經》《通書》《離騷》，漢、魏、晉、唐人集若干部、若干冊，此陶詩全部，其一種也。觀其筆醇而不肆，結字偏旁，皆有依據，淵然篤厚長者之風。潛樓將付石印，植竊願請《孝經》《通書》以益之，於以見劉氏家學淵源忠孝正性之所自，矜式異世，不亦善乎？宣統己未五月，嘉興沈曾植題記。

李迪□□□□長卷跋 原鈔本作『秋江宿鷺長卷』，詳諗跋語，非也。當爲别一畫卷，闕以待考。

余嘗得李迪秋江宿鷺長卷，色靜而氣幽，與李晞古趨尚相近，與陳簡齋、朱希真同一機軸。畫家蓋有原鈔作『與』，兹據金校正。偏安朝殘山賸水之風，不可與黄、徐、崔疑誤，或是『在』字。國家盛時同論，固也。此卷規度興象，猶襲黄、徐舊法，特意匠巧麗，筆意於『於』疑『極』字之誤，『於』草作『扵』，與『極』相似。工緻，而神韻疏淡，此爲迪之心得，亦王降而風轉移之脈絡也。蘇、米風流，傳於中州，而衰於江左，董、巨、李、范之法脈，元一統而後勃興。美術與國家盛衰强弱相關如此。撫卷太息。

東川公手録評本精華録跋

《寐叟題跋》目録作《漁洋山人精華録跋》，此公自題。據跋語『所録爲杭堇浦先生評語，一云錢籜石先生評語』，則非東川先生自評也。評本上似應加『手録』二字。

此《精華録》殘本，眉間墨批，爲先高叔祖東川公手跡。所録爲杭堇浦先生評語，一云錢籜石先生評語也。謹案：先公所撰《司空公年譜》，嘉慶四年己未六月，曾叔祖東川公卒。注云：『東川公，諱廷耀，書山公次子。』先大父幼時從受業焉。先大父生十四歲而孤，就試授室，皆公以修脯所入助之，故先大父事公如事父。又案：舊寫宗支圖，書山公有子四人，長我高祖，贈榮禄映渠公；仲鳴岐公，諱廷耀，嘉慶庠生；叔麗成公，諱廷燦；季馭周公，諱廷杰。鳴岐蓋東川公字，而東川爲别號。此書端鈐名字，上下二印，下印曰『明宇』，則東川公又字明宇也。東川公生於康熙五十二年癸巳，順數至嘉慶己未，壽蓋八十七歲，於我第六房諸祖中，最享大年。而吾高祖映渠公，卒於乾隆庚辰，壽四十九歲；麗成公卒於乾隆庚午，壽三十六歲，手稿無『歲』字。先吾高祖者十年；馭周公卒於乾隆乙未，壽五十三，後吾高祖十五年。麗成、馭周二公皆未娶。東川公配盛太夫人，卒於乾隆戊辰，東川公三十五歲方在盛年，亦不續娶，又無簉室。當時情事無可考，則未知麗成、馭周二公不娶，貧故邪？東川公不續娶，天性貞介然邪？要其時四房共一子，門祚孤微，叔姪二人相依爲命，葆持吾先世儒素之業，深根寧極，而益蘊、積之，畜極而通，頴光濬發，手稿作『睿發』。繄東川公數十年承啟之力。譜所謂榮禄公事公如父，吾世世子孫所當永念不忘者也。

東川公書骨體雅健，出自顔而醖釀深厚，論者以爲在司勳公上。以此録及抄選竹垞五言排律推之，知平生詩學甚深，乃家中竟不存一字。《頤綵集》中亦未見有唱酬，豈所謂良賈若虛，吾先世抱樸避名，家風然邪？

此書凡六冊，曾植自十二歲時受之於先太夫人，晨夕几案，未嘗離去。同治庚午，爲常州史閏生孝廉借去五冊，迄竟未還。猶幸有大兄過録眉批於惠氏注本者爲副本，天壤茫茫，原本卒不可復覓，常以痛心。書此端末，以告慈護，其善守之。宣統丙辰二月二十九日，曾植謹記於滬瀆之海日樓。

記先府君手寫課藝後

此《四書義》□□篇，先都水府君課藝手稿也。其字差大，每半頁六行，行二十字，如府縣試卷式者，爲在皖時窗課。評閲者爲今鳳石相國之祖陸方山先生。其每頁九行，行二十五字，如鄉試硃卷式者，大都在都中作，評閲者楊□□先生，家蓮溪先生也。府君文，初宗隆萬，後法天崇，始終不涉及乾嘉以還世所誦習如所謂《春霆集》《聽雨軒》者涂轍。蓋植嘗聞諸叔父連州公言，府君精熟諸史，顧不肯以史論入經義，所宗尚别擇，主李安溪，而於天崇諸名家，特好包長明、徐思曠，謂其不矜色意，聲思深遠，撫卷吟諷，蕭然玄會。蓮翁嘗病府君文字氣冷，謂不宜榮世，府君不以介意，率性無改也。叔父又言，乾嘉程墨侈堆垛，而曾祖贈榮禄公獨耆金、項，道光程墨貴清臬，而府君獨耆包、徐。蓋我先世性習，篤守自信，不詭隨於流俗風氣如此。贈公號『守拙』，而府君自署曰『拙孫』，有微尚焉。我沈後人識之。

記先太夫人手書日用帳册

日用帳册□□本，起於道光戊申，迄光緒丁酉，前後五十年，中闕失者若干年，存若干年。吾妻收集積聚盈一簏，皆先太夫人手澤也。

京師語，凡簿記出入之册，通曰帳本。帳本有大小，大者幅廣七八寸，形略近正方，小者幅廣，或及五寸，高三四寸，形爲橢方；大事用大者，細事用小者。人家火『食帳』，唐人所謂『食帳』，宋人謂『日曆』者也。吾家數世通用小者，太夫人常以朏明起，盥漱畢，坐南榮前數錢買點心，預計是日應行事，審飭辦具，進極濃紅茶一巨杯，點心進油浴麻花一，蓮子或扁豆薏仁百合或燕窩一甌，恒用毛燕，不恒進官燕。食畢，即自磨墨寫帳。筆用王名通狼毫下者，書甚速，筆下若有颯颯聲，時略伫思，復疾書，食頃而畢。中饋一日事竣矣，家人尚未起也。曾植以趨署早起，獨得見之，今恍恍在目也。嗚呼！

帳式上下爲兩列，各列物名於上，價於下，每日有總結。銀錢出入，提行列後。兑銀價，詳具之。五十年來，上列之物，變易無多，下列之價，則咸豐鑄當十百千錢一大變，鈔票行及廢一大變，同治初年，官號四恒票廢一大變。凡經變，物價增倍者，及復，率不過半。一錢之物尤甚。積小以成大，五十年變易，有不可比例者矣。後此三十年，有爲食貨志學者，得見此書，將持爲枕祕。抑此五十年間，由盛而衰，而極衰，而稍轉，轉而漸盛。榮悴菀枯，吾太夫人艱苦萬狀不可言，而規矩未嘗稍異，亦無一日間斷者。吾子孫女婦，有能敬觀此冊者，思其居處，思其志意，吾太夫人精神之所存，吾子孫蕃息之所庇者邪？告慈護輩識之。宣統戊午九月，男曾植敬識。

卷四

贈序類

送梁節庵同年歸里序 原注謂光緒十一年作。

吾友梁君星海以言事去官，將歸於廣州，屬余爲言以贈別。余孱且懦，不克自振拔，獨默然以居，漫漫以游，甚有慚於星海，顧何以爲星海告乎？抑星海家甚貧，年甚少，具甚高之資，去華要而即黯黮，意氣灑落，倜然若青天廓而黄鵠舉也。人情甚有所貪，則其意所輕重，不自覺有異於人。人所輕重者，舉世俗所矜崇葆藉，計時累日，冀以階梯卿相者，一奮而舍之，無顧慮於其先，無悔惜於其後，中之所存，又可量邪？天道之乘除，人事之盈朒，皆與性情學問相爲消長者也。始患過者，復焉爲不足。其初盛以自憙者，久或意倦而去之。今星海之行，知星海愛星海者，必將有説以處此矣。若余之愚，抑又有進。

夫材之剛者克以柔，不若礪之始鋭，氣之盛者抑之下，不若實之使充。好善而致欺，嫉惡而召怨，擴之以知人論世，則天下之情無不盡，而吾之自處亦沛然其有餘。廣學而多知，博求異己者所長，專吾業而審其中失焉。若工度材，若農辨種，若謀國者之兼權尚計，而不遺於駬盜也。若是者其有足樂乎？其亦足以引氣質之變而充吾學於無窮乎？昔柳子厚悼剛者之失圖，賦佩韋以自喻，而戴帥初譏之，以爲子厚懲於剛而得柔，不自知其不能自反。夫子厚之生平，誠有不可以一端盡者，抑帥初所言，豈得謂非千古善言邪？

吾嘗病世之學者，習道德之言，以成利祿之業，又推利祿之意，以迫隘道德之言，好靜而惡動，衷利害而外論是非，彼固各有所謂也。而託之厚貌重言以相市，不察其實，幾乎不喪其所守以從之矣。以士不遇而山林終槁，命也；其遇而事權忽屬，命也。反覆參差，或遇或不遇，或始不遇而終遇，亦命也。知命者不憂，詧乎命之端者，多思而善豫。記覽之精詳，辭章之偉雋，經術之賅洽，專門絕學之紹遠而造微，皆君子所以自文其身，隨所取而皆有以自樂者也。先立其大者，則必繕性於道原，無枉其材，而後所學有所附，以俱立，而減盈進反，亦得以周於世而用不窮。

星海之自待也厚，余知星海，亦自謂不後於人，今此不賅不徧，一曲之言，其亦有可省采而不爲誕謾無稽也邪？

壽序類

朱雪崖先生壽序

吾師朱雪崖先生，以名進士仕中朝，經義著聲同治、光緒間，東南名士，注弟子籍，受其學而通顯者，磊磊數十人。其文辭義法，實能抗先儒之程式，傳之後進，師道自處無讓也。浮沉郎署，久次而始遷，陟臺諫而不居，奉母遄歸，優游林下，蓋於今□年。歲旅赤奮若，太夫人壽九十晉一矣，而先生適於是年屆七十，海内庚戌進士，與先生比名連牒者，在朝野曾不幾人。先生履大耋之年，齒髪康彊，上有慈母，人倫備福，兹非得天之獨厚，而士大夫所忻慕以爲瑞慶者哉！

念昔相從請業之時，先生奉母居宣武門南之大川淀，門臨廣野，草樹蕭疏。南望寺樓城堞，瓜畦蔬塍，出入於夕陽煙靄之中，車路陂陀上下，行望先生宅，著崖壁巖磡間，疑不類京曹官居。是時先生官水部，擢郎中，曹事叢沓矣。顧於其間接賓客，講文義，入奉晨昏，出與生徒講嘉、道以來諸老先生緒論，鏗鏗説經，而析文斷字，誦數辨類，視日蚤暮，意色不厭。縱言及平生孤露彊學自立之概，事涉太夫人，未嘗不手稿作『不嘗』，此據別鈔改正。造然變色，侍坐者心炳炳也。

先生居極偪隘，齋閣幽靚，而堂室井竈，棟連序接，屋壁傳響，往往先生趍内，坐齋中者得聞出反告面命呼唯諾之聲，亦間聞太夫人語言音聲，清遒深亮，中五行之純氣。仁東等相與語而嘆息，手稿原作『客或聞之，相與嘆息』，並未乙去，旁改『仁東等』云云九字，似尚未定。今姑從別鈔。以爲先生之事親篤志，依依若嬰兒，誠古所謂孝思不匱者。而太夫人貞筠勁松，晚節益茂，此四字別鈔本無之，據手稿本增。占聲應師曠龍淵壽法，行合乎既醉女士從以孫子義天之福，太夫人以福先生，未有已也。

先生起自孤童，自束髮讀書，應試服官，無一事不體太夫人志意以行之。太夫人中歲彊健，樂有子之位朝端，思觀帝室皇居之美，先生則奉以入都。板輿家園，絳跗馨潔，太夫人意怡。先生奉職輦下，與朋儕嬉游，甚適也。既選御史入臺矣，而太夫人忽思鄉不樂居北，先生即稱疾解官亟歸去，太夫人還鄉甚歡，先生志得，終已不復出。其平生仕止，一依準母意如此。仁東嘗誦詩《北山》《杕杜》之篇手稿『北山』下空二格，據下文『王事賢勞，憂念父母』云云，蓋用詩《北山》《杕杜》兩篇『王事靡盬，憂我父母』句意，則『北山』下當爲『杕杜』二字。公屬稿時偶忘而闕之也。今補。王事賢勞，憂念父母，手稿『母』作『音』，別鈔本知其誤，空一格。據詩《北山》《杕杜》篇句，則『世』字之誤也。兹正。千載之下，愾然動心。

嘗竊以爲井田世祿之法衰，而士之捐鄉里，背父母，苟終不免於祿仕，固人人黽勉蹈之。彼其身爲萬族所扳援，一出而開物成務，尊主庇民，魁然有補於天下，以孝事君，猶可言也。若遭逢際遇之不常，道有所不行，而情事亦有所不盡，俯仰黯黮，獨抑鬱而誰與語，回車之慨，望雲之嘆，古人隱志，殆難言之。又其甚者，羈旅於冗散，終身不試，苦其身，約其親，而卒無尺寸之償。夫忠孝之義非兩妨，而一凝滯於進退之間，年往歲徂，兩俱無以自達者多矣。若先生之內斷於心，一意事親，無所濡忍於功名之會，由京朝官望之，豈不摽然秋雲之在空，可望而不可及者哉！

仁東等違侍先生□年矣。西蠡之河，晏公之祠，張公善卷之洞，先生之奉母逍遥者，度其樂逾居京師倍蓰，不識鄉郡才儁，從先生問字尚有人否？先生講貫指畫，如往日否？今兹太夫人百齡開袠之辰，先生以七十老人，白髮彩衣，晉接賓友。毘陵多賢士夫，鄉族盛事，搢紳佳話，必有以鴻筆雅詁紀之者。獨惜仁東等遠道不得坐齋中，見先生之出入告面，聞太夫人語聲，歸述之堂上以爲笑樂也。

瑞安先生六旬壽讌敍

原鈔闕題，金校作《孫琴西先生壽序》，文中有『編修中弢』云云。予見公手寫清稿，作『公子仲弢編修』，而文首作『大卿黄公致仕之年』。仲弢爲黄紹箕，瑞安黄漱蘭（體芳）之子，則此文實壽黄漱蘭者，非孫琴西也。清稿與原鈔頗多參差，原鈔結處云『一二三故舊，蕭然燕衎，以閲歲寒』，似非完篇，孫校欲加一『乎』字以結之。清稿則爲定稿，兹從清稿，而以原鈔異文，分注於下。又案袁爽秋京卿（昶）《安般簃集·致仕瑞安黄丈壽讌詩》自注云：『丈生於壬辰，至辛卯，正六十歲。』則此文作於光緒十七年也。

大卿黄公致政之年，原鈔作『大卿瑞安先生致政之年』。粤秋八月，崧降逢原鈔作『之』。辰，實開七豒。於是公拂繫絕纆，憺自逸原鈔作『超然自逸』。又案：『憺』下應有『然』字。於知名勇功之表，無復有虧順逆毁譽榮辱之原鈔無此五字。介乎其懷。朝右搢紳，從游之士，相與惜公乞身之早。幸公之紆軫國門，卜居未就，猶得稍展相從款款之私，原鈔『介乎其懷』下，作『獨其惓惓之誠，紆軫國門，未忍遽去，朝右搢紳之士，惜先生乞身之遽，而猶幸驪駒未駕，得少展游從款款之誠』。忻是嘉會，醵尊原鈔作『歙』。合樂，敷於原鈔作『謀敷古者』。吉金糜壽通彔之義。介公子仲弢編修以請，而公許之。原鈔作『介召於編修中弢以請於先生，而先生許之。』別鈔無『編修』二字。盛德之樂，豈，儒林之公誼也。

惟公原鈔作『先生』。襲世業之清芬，兄弟三人，咸以偉節雄文，起家名世，原鈔作『弟兄三人，高步海隅，以偉節雄文，起家而名世，自咸、同以來，永嘉黃氏門望，爲浙東甲乙久矣』。而公原鈔作『先生』。敭歷通顯，志業尤表著於當時。原鈔作『樹立尤卓卓』。鴻辭雅理，原鈔作『淵藻』。揚華佩實，原鈔作『鯨鏗春麗』。則臺閣襲其閎裁；原鈔『襲』作『稟』，『閎』作『雅』。危行昌言，原鈔作『讜論危言』。霜肅原鈔作『厲』。風嚴，則中外欽原鈔作『凜』。其豐采。解后左遷，優游卿列，朝廷之原鈔作『天子』。嚮用未衰，海內所原鈔作『之』。屬望於公原鈔作『先生』。者，有若唐宋文貞公，有若宋范文正公。革敝扶衰，沐浴日月，喁喁之望，原鈔作『激濁揚清，扶衰救敝，得位行義』。庶幾遇原鈔作『過之』。驗手稿，亦作『遇』。今且不謀於知交，不諮於僚友，齒髮未衰，浩然決去而無所繫也。固將疑公之恝然於當世，原鈔作『固先生之恝然於當世』。而當世之所以望公原鈔作『先生』。者，豈原鈔作『詎』。遂已哉。直道之於世不亡，四維隊而可張，而天地之心原鈔作『天命人心』。有所繫而不敝，君子扶直道以立於原鈔無此字。當世，其精誠感極乎，凡有血氣之隱微，與國家元氣相斡回，無間乎德，用詘申文，成章而必達。原鈔作『誠積而道孚，無間乎在朝在野，隨所在而各有以自致，而萬物有所托命，國家之元氣於以賡續』。

今夫文貞之在開元，原鈔作在『唐』。文正之在慶曆，原鈔作在『宋』。朝省生風，紀綱肅振，原鈔作『振起』。海內煥然易其視聽，而積世之敝俗，不可動之權豪，咸爲之震撼原鈔『權豪』作『鉅奸』，『震撼』作『岨峿』。而不安。固所謂原鈔作『固亦』。君臣相遇，儒效之極盛矣。然是千世原鈔作『然此千載』。一時之際也，猶不得竟其志業，原鈔作『猶且，膺葛藟倪伉之困，冰炭齧掣，卒不得竟其志業』。令天下漢漫太息於慶雲甘露原鈔作『糾爛』。之不可以終日。若夫綠野之堂，獨樂之園，道不行而身退，原鈔無此句。窈然無預於當時。而海內之精神氣志，原鈔作『議論』。默默焉相爲憑依，士大夫克原鈔此下有『之』字。自樹立者有所宗，名德昭物，民聽爲之不惑。原鈔作『萬民之視聽不惑』。夫事之不相謀而相逮，原鈔作『夫盈虛乘除之不可數計』。固如是。原鈔作『固如此，已曰乃孚之象，有不得於其進而得於退者』。方晉公再起原鈔作『出』。於長慶之初，史記其事。原鈔無此句。至於將貴原鈔作『至將貴慕望』。齎咨流涕，司馬公以侍從居洛中，則田夫野老，莫不延頸以望其更化。迨其後歲且百年，而永嘉葉氏之言曰：『司馬氏獨爭力挽之效，澤及於數世而遙，韓、富、歐陽所不能及。』嗟夫！君子去國之心，卷卷至無已也。惟君子有無已之心，而當世無窮之望，與夫天時人事無端之回復，亦且旋起而環應之，茲固儒者所慎言，抑理之所在，豈得謂之無有哉？原鈔作『永嘉葉氏論宋一代之故，以爲韓、富君子之澤，不若司馬公獨爭力挽之效，被及數世。然則先生雖角巾歸第，自遠人間，而以先生之德，當先生之位，天下之望，豈得終無以副之哉』。

昔之言壽者『天壽平格』著於書，繼之曰『祗迪彝教』，則永念固命，固不僅指陳力就列者言之。原鈔作『古之稱壽者，周公曰天壽平格，而繼之以祗迪彝教，則公之意，固不僅指陳力就列者而言』。《南山有臺》之詩，其壽君子也，曰『邦家之基』，『邦家之光』，曰『德音』，曰『保艾』，備矣。乃夫君子之心，則壹於

『樂只』而已。故夫進亦樂，退亦樂，天德而日寧無所凝滯於事物，賢者之盛德也。物有極則遷卦之體有往而來，春秋貴諍臣辭，若社稷臣將以明經權，通文質，人道之大常，古今之通軌也。

是會也，禮備樂龢，情舒志肅。公既自爲詩十二章，述平生志事，京華士大夫多屬和者。而同志之士，爲文以壽者，千里而郵置，或累月經營而後敢出一語。凡曾植平日所聞於師友者，既已備見於諸君子之辭矣。猶不勝其悾悾之愚，復爲野言以質於公，以應仲弢之屬，辭不能巧，情信而已。原鈔『陳力就列者言之』下，作『召公矢音於卷阿，曰伴涣爾游，優游爾休。其致政蓋已久矣，而詩人猶以鳳鳴之瑞繫而頌之。稽諸史事則如彼，諏之經義則如此。先生其從容子舍，强飲强食，日相與二三故舊蕭，然燕衎以閲歲寒』。

金磷叟先生七旬壽序 原鈔注辛酉，則作於民國十年。

自漢武廣勵學官，崇儒術以育德於當世，博士之業遍天下，而師道以尊。班氏《儒林傳》系續緒承，蓋推太史公《孔子弟子列傳》之義以爲之。西漢之末多仁人，東漢之末多獨行。標準人倫，風動當世，則豈非儒效之著，師以賢得民者哉？魏晉六朝無師道，選舉在中正，有勝流，無碩師。北方襲漢俗，有經有師，選舉不存焉，師抑不尊。唐進士用詩賦，亦無師道。迄宋初興學，而胡安定乃以經義立師道。越南宋，經義益重，師承益著，道學興焉，經學興焉。經尊則師尊，師尊而儒尊。道若循環然。自是以迄於今，歷四代而制度無改，風尚亦無改。明季幾社、復社人物風聲之盛動天下，經義之效歟？

磷叟金先生，甬上耆舊所誦稱經義師也，身老於學官，學未顯於當時，而及門弟子徧鄉閭，非獨文字之教而已，其立身處世，又實有以樹之軌範，率以繩準者。年七十矣，篤志不衰，其友人蹇叟張君，既爲文張之，令子賢采原鈔下文作「寀」，不知孰是。復補述事略，介李君雲書來徵言。蹇叟之言恢以文，賢采原鈔作「寀」。之言謹以質，即其言以揆其人，先生其禮所謂博聞強識而讓，敦善行而不怠之君子歟？其應事接物，莊生所謂「和調而不緣，溪盎而不苛，莊敬而不佼，和柔而不銓」者歟？大寒既至，霜雪既降，而先生不改其度，其諸《抱樸子》所謂「不蓬轉以隨衆，不改雅以入鄭」者歟？先生嘗曠然有出塵之想，藝蘭種菊，焚香讀《易》，其自得固當有在。不磷之謂磷，先生以此自署，其砥行厲節於平時，困慮衡心於晚節，攖萬物之磨而無碣，此用《列子·黃帝篇》「骪骨無碣」。別鈔作「無爲」，誤也。意必有其至堅者存。

先生有文集，有詩集，閟而不出。所謂思無擁則神安而保命，視明照則性得而安寧，五福之應，他日猶將即所自著者以徵之。甬人好學而尊師，吾知必有傳之者矣。

陳太夫人八旬壽讌詩後序

別作「誥封夫人陳老伯母朱太夫人」云云。又案文云「逮今宣統己未」，則作於民國八年也。

余嘗與仁先侍郎論方志《列女傳》例，謂中壘本《易》《詩》大義，采掇七十子之微言、師說、故傳、雜記以爲列傳。其大義存於育教，開宗於母儀傳首，與孟子教育英才之教育，語類而義殊。於《易》育教之義在於蒙，教育之義在於臨。象義別殊，後儒未能闡也。而七篇之例，又已開班氏《人表》之先。常道將范蔚宗書，猶稍得劉氏旨意，唐以後知者鮮矣。又以爲古今乙部，《列女》之傳，恒不及《列士傳》詳。士之行事，載於門人。故史官書間史傳記銘贊，爲體多途。《列女》皆無之。節孝見紀百之五，母儀闕焉。獨宋後稱壽之文，介雅之詞，猶可據以考母儀一二。然則壽文者，固以備彤史煒美，不可闕者邪！侍郎是余言，而采擇矜慎，書尚未就。而今歲七月十五日，爲侍郎祖母朱太夫人八旬壽辰，得前三十年闞君壽文讀之，作而嘆曰：

敬賢達，智也。體甘苦，仁也。勤式穀，儀也。識夷險，通也。以常道將品目權之，中壘書中，宜當可紀。闞君爲古人之文，又重以內言不出之戒，獨舉侍一人者矜慎言之，家人飲食，身質言語，仁者之訒，固若是乎？抑舉一端推以及他端，徵信於一人，而天下後世人人之信，於是焉在。良史例裁，可隅反也。

自光緒己丑，逮今宣統己未，越一世矣。而太夫人德益劭，身益康，子孫日益繁，門望滋大。子青先生杖國之年，不渝不匱，有孺子色。假令闞君而在，當自喜其祝延之豫驗。南湖之廬，煙水蒼茫，常若有吉祥雲氣，郁紛其上，奎文騰輝照林麓，賓客燕喜，式歌且舞，蓋國士若獨淨，歲月若獨長者，豈獨太夫人顧而樂之，脩撰給諫兩世英靈，甯無苾芬陟降之感乎？於《詩·既醉》卒章曰：『其僕唯何，釐爾女士。釐爾女士，從以孫子。』此以陳氏言，於《易·晋》之六二曰：『貞吉，受兹介福，於其王母。』侍郎兄弟當之矣。

梁母余太孺人壽序

光緒庚子十二月十三日，爲吾友節盦編修之叔母誥封孺人余太孺人六旬周甲之辰，開讌引延，康彊多福，湖院□□（手稿腐蝕，此二字不可辨，上一字似『諸』字。）於編修，託同乘兄弟之誼，謀所以佐張敬愛之歡者，醵禮合觴。而屬□□之辭於某。

某聞太孺人之懿德也久，蓋嘗與編修論歲時風土之殊，祠制書儀伏盛臘薦昔隆今殺之粤浙有無，編修灑灑言之。異而詢其然，則曰：吾耳熟吾叔母說也。餌饈饋飧之方，膎腆脡纖之法，食祭客設，漸漬必薌火齊，必得家人婦子所供治。編修曰：吾叔母之教也。編修激發若劉道原，抗行若徐仲車，及其施於家，出入進反，若者然，曰吾叔母所可若者。不然，曰吾叔母所不可。逡逡然，抑抑然，充然有子弟之色，某固屢聞而默識之。

嘗又徵其詳於番禺馬先生，先生之言曰：吾於編修同游於東塾先生之門，結交二十年，館其家者若干年。梁氏之故吾習焉，梁氏之□□家法，其兩世內外行誼，固吾所能言而自信，抑可嶄信於天下賢智者也。編修贈公吉士先生，邃學而清修，孝於親，友於群弟，以諸生負鄉里之望，而不幸早逝。編修母夫人張太夫人，則南山先生之孫女也，事尊章如父母，睦宛先後（《史記·封禪書》『見神於先後宛若』，則『宛』下應有『若』字。若兄弟，慈諒惠和，有齟齬，能善化，蓋梁氏之女宗，而亦不幸早逝。没時，節盦蓋□歲也，節盦既齠齔孤露，撫字鞠育，實余太孺人是賴。而節盦叔父行賢先生教之讀書，以訓以誨，至於成立。凡竹賢先生所以教節盦□，□孫校云：缺字疑爲『者、博』二字。習而尚志，勵節而致用。蓋無不本諸吉士先生之學以爲學。而余太孺人呴嫗顧復，手稿『顧』字腐蝕，據孫校增。出入視察，思無勿周，微無勿至，蓋心張太夫人之心爲心，匪特盡旁尊義分而已。節盦舉於鄉，而竹賢先生没。余太孺人無所出，節盦乃以節盦弟鼎□後焉，鼎□復早逝，則又以次子學贄繼鼎□，今□歲矣。節盦自光緒乙酉以言事去官，歸而主惠州之豐湖書院，廣州之廣雅，江甯之鍾山，手稿僅有『江甯之』三字。據《清史稿·梁鼎芬傳》云：『張之洞督粤，聘主廣雅書院講席，調署兩江，復聘主鍾山書院。』兹據補。又佐南皮尚書創開兩湖書院於武昌，嘗迎養余太孺人以主家政，門内之治肅以和，情而有節。節盦勤於事，邂逅輒致疾，飲食不安，余太孺人憂之猶孺子也。而節盦之事余太孺人，出告反面，亦與事母者不異。凡皆吾所親見而習聞者如此。

某惟世之祝賢懿者，習以《詩》『釐爾女士』傳女有士行爲恒言。士有百行，莫先孝義，莫重於托孤，中壘所以録義保□□而頌以姜姒法，斯爲世基者，誠貴其無愧士行哉！自昔積善之家，其孝義嘗周洽於□□，敷通於房奥，長以字幼，而卑克承尊，然後門杕暢遂者，抗之爲風節，蔚之爲文章，擴之爲事功，衍之爲教化。無其本而義襲之，手稿『其本』二字模糊，久認始得。孫校誤空一格。騖高遠而卑近，忽焉道之夸，孫校誤『夸』爲『奢』。德之賊也。

節盦以名節文章高天下，絀於時，不得著孫校誤『著』爲『荒』。事功，而其於學規教法之施於書院者，興學之造端，教澤之濡，孫校云：『濡』下當有脱字。方演裔而未□艾，別鈔『未』下空一字。孫校云：未下不缺。然驗手稿漫缺處地位量之，當有奪，疑是『有』字。諸生服節盦之教，師慕其文章志節，期他日有所效以見事功者，誠亦極安樂肅嚴之致矣。抑求其所以爲名節文章事功教化之本者，今茲稱慶於堂，鞠卺《史記·滑稽列傳》『帣韝鞠𦝫』。則此『鞠卺』，亦應作『鞠𦝫』。𦝫與跽同，不當省作『卺』也。而上壽，聞余太孺人之懿行，而節盦之所以事余太孺人者，其且別鈔作『具』，驗手稿，是『且』字。有證於學行之原，其於倫理之學，孝弟仁本之旨，其將有目擊道存者乎？吾聞節盦於是日將稱觴召客，請命太孺人，而太孺人不可，曰：國家多難，乘輿播遷，吾婦人亦廑於懷，何心歡樂。是則大義凜然又有與漆室之吟、周郊之對，曠世相尚□。斯言也，余亦願述以告諸生，其亦諸生而樂聞起立者哉！手稿如此，疑『而』爲『所』字之誤。

余堯衢參議德配左夫人古希偕老圖序

宣統十四年歲陽在玄黓，歲陰在閹茂，月在孟陬，爲倦知老人德配左夫人七十歲誕辰。於是春陵槃叟爲繪古希偕老之圖，義寧散原叟爲之記，老人自爲七百七字詩，其詞雄遠，若家人言，非家人言也，而屬長水寐叟爲之序。

倦知之言曰：吾儕在今日，流離瑣尾，何處何即，顧何有吉祥善慶之可言。吾生平涉歷中外，若躋若顛，若菀若枯，若得志，若不得志，遘閔既多，言亦徒滋增疑有衍文。感喟。吾元配澹涵老人，蓋長吾一歲，年二十三而來歸。寒餓吾偕，艱苦吾偕，顯晦榮辱、憂喜勞逸壹吾偕，於今且五十年。多病而神全，積勞而體順，桑梓龍荒，人世鬼魅，而吾家庭尊卑長幼中外，順正和翕，與山中無以異也。而吾兩老猶得自慰於轉徙之餘年，家人稱慶之觴斝，惟予元配偕老與吾同，起孤貧而備枯菀也同，心境同，時同，其當有辭。

散原之言曰：霜霰交零，而松柏交蔭；氣祲盪摩，而鸞鳳之枝不輟。天若別啟一境，緜元氣於一廬，慰白首之同德者。

寐叟遂言曰：自昔壽讌雅言，嘗稱《詩·既醉》篇『釐爾女士，從以孫子』之章以祝頌。而先師毛公詁訓，以爲『女有士行，詩人致高山景行之慕』焉。而說者或以士有百行，類若《禮·儒行》所舉，疑非閫内所能備，是固不然。孟氏有言：『無恒產而有恒心者，惟士爲能。』徵夫酒食之議，蘋蘩蘊藻之采，甘旨滫瀡之供，梁笱之具，黽勉有無之無時期、無方所也。身其事或不能自言，言者或不能曲盡。『恒其德，貞，婦人吉』，《易》之言，如是已矣。而下徑疑當作『經』。言人事，《咸》《恒》爲首；《家人》大象，『言有物，行有恒，正家而天下定』。比其辭觀之，詩人之思，毛公之義，固已深長而章著矣。矧夫天地變化，海桑移易，匪其曠度絕人，則又何以永貞於一室之中，以存天地之心，用保艾其孫子。老人自號曰澹涵，淵思約旨，庶其在兹。倦翁寫詩示余，蓋余妻逸靜君誦之愀然，既屢省而屢嘆，同氣之感，固有非語言所能盡者乎？

圖中作屋舍，位置略如海上廑廬，中坐者倦知，右方澹涵，左方趨庭者鹿門公子，二幼兒則先生六歲子百郎、四歲孫海郎也。其四周青山環抱，竹樹深蔚，則廑廬所無，而槃叟畫興所通，乃若舉先生夢寐所不忘之霞峰龍潭月泉之丘壑煙霞，融合於尺幅之中，以慰二老懷鄉里者。昔余初至此邦，嘗作《山居圖》寓意，以涂人爲魚鳥，闤闠爲峰崎，廣衢爲大川，而高囪爲窣堵坡。而其後梁文忠公即用此意，使漚客爲圖，壽余七十。今此圖者，其亦有同感乎？甲紀重開，天下有道，𢇁佩爾汝之歌，何必不再賦於後日。余固專治《易》剝復義者，以此壽二老，二老亦勉舉一觴與？

雜記類

記畫地圖法

分圓圖者，地球緯度北狹南寬，肖其形勢而爲之，所謂圓錐畫法也。繪地之法，通新舊凡三家：一曰簡平儀法。取度於弦綫，可以表太陽出入，節氣早晚。然中邊廣狹差數懸殊，形既不真，量尤多礙，作地圖者罕用之。一曰渾盖通憲法。取度於切綫，常以心角邊角倍半比例，爲立算之根。其經緯相交皆直角，閱圖者旋轉視之，即某方東西南北之真形。其量法從中心向四面，量之，即中經緯距某處經緯真數，整齊簡要，最爲繪地球全形者之通法。一曰海圖推方法。取象於圓柱，而經綫自赤道而北，逐度長率，恒與緯綫縮率，爲地理家以赤道大圈求逐度距等圈之反比例，此與球面形不相似，取其四正四隅，居所不移，便於航海者所用，非繪地之正法也。三家之法，自以切綫法爲最真，惟其量算之本，必須起自圓心，爲地球全形者相宜。若分洲分國之圖，割取球面之一段，不具全形，圓心如不在圖中，則比例尺即無從施用。又凡平圓面積，視同徑球皮積之比，恒以一四爲通率，切綫圖縮渾爲平，則所得半球地面之積，校以實體，才得二分之一，渾圓之體，不可摹其皮積，展出摹之，經綫可引直入圖，而緯綫之差，可令其盈朒無多，甚小於一二之比。此圓錐圖法所以作也。

重建天柱閣記

舒州，山郡也，背岳而面江。自唐宋以前，九能之士，游兹土者，靡不徵大宮小別之雅文，侈漢帝、唐宗之遺跡，隨山喬嶽，仙祠靈洞，宏廓殊觀，詠歌無斁。蓋灊岳天柱之名，肇見漢初，而閣負嶽勝以爲尊，遂以舒州天柱閣名聞當世。嘉定辟兵，徙懷寧於盛唐灣，舊城圮廢。迄元世，别建灊山縣，於是昔之負嶽爲尊者，壹屬諸灊山，而懷寧獨得江濱狹地，背龍山而面江流，無復漢唐壯觀矣。《明一統誌》猶沿宋舊，書天柱閣於懷寧。嘉靖中，天水胡纘宗守此邦時，於西門外復建天柱閣，顧已非復宋時舊址。而登高西望，晴峰湧翠，猶時時遠見於霜清霧霽之朝，縹緲崇嚴，發人寤嘆。司玄司命之真靈，若頍弁而睠顧乎此都。居者游者，藐焉勿矚，惜已。

余嘗有感於兹，而遡稽地志，恨不詳閣建何年。偶檢郭功甫《青山集》得《輿地紀勝》所載詩之全章，題曰《舒州使宅天柱閣呈朱光祿》。朱光祿者，朱公綽，吴人，樂圃先生長文父也，官至光祿卿，見盧氏《蘇州府誌》。其守舒，當在熙、豐間。詩言『城頭建閣舊丞相，窗戶再興光祿賢』。《青山集》『興』作『新』。檢乾隆《通誌·職官表》，熙、豐前以故相來守舒者，惟李文定公迪，在天聖初年，閣蓋創於李，修於朱也。

夫今懷寧非昔懷寧，明之天柱閣，已非宋之天柱閣。余今重建此閣，則又非胡氏舊地矣。獨夫山川形勢，軒偉博大之觀，光景常新，亘千載而神期不貳。軨軒周流，瞻山眄隰，元封巡狩之壇，開元真符之廟，肸蠁苾茟，禮崇典肅，其皆乘國家勝氣而百神受福者乎？桐城宅山内，朱邑所祠也。望江介山外，麹信陵所治也。我思古人，庶或見之。三祖之山，龍眠、石牛之丘壑，夾石、掛車之阨，皆大嶽之支分，歷史賢達事功之紀識，我所願游，而羈於職事，可望而不可即者也。功甫詩卒章曰：『祝公自此早歸隱，幅巾藜杖詩中仙。』美哉言乎，余以此爲上梁之祝已。

雙花王閣記 光緒丁未十二月，公簡署安徽布政使，庚戌六月乞退。此文當作於戊申、己酉之間。

蠶珥絲於野，商絕絃於室；麟鬥而月食，鯨死而彗出。月暈而風，巢居者先知之；礎潤而雨，穴居者先知之，知之者乃不若其不知。移星移宿，龍蛇起陸，天性人乎？人心機乎？

吾頃有幽憂之疾，喉中介介，耳枯焦，不能遠聽，驚寤而失眠，忽乎其若忘，蕩蕩乎春非我春，夏非我夏也。醫來曰：是謂勞熱，明淫心疾。客曰：勞者嚮晦以宴息。閣在内署北成園之南，室三楹，隘不容迴旋，而視聽差靜，光差少，置几榻焉，於病夫宜。西北爲天柱閣，可以居高明，遠眺望，懼高山大川之越吾精也。東北爲拄笏亭，昔我有先正，奮庸乎中興，懼功宗篤弼之蕩吾志也。室無閣，強名爲閣。新文書於是架閣與？新條例於是延閣與？西牖外牡丹十餘本，前政所留遺，益之以亳州所贈十本，五色具焉，色固不稱名。東牖外櫻華逾百株，余所新種，亦五色具，色不稱名如牡丹。吾嘗以牡丹五色具詫人，而人不聳。以櫻花 手稿原鈔皆作『花』，依上文應作『華』，以歸一律。 五色具詫人，則人皆動色相傳告，索吾賞華尊卑者，比比也。牡丹王於唐，櫻王於海東，故不若新，近不若遠，有是哉？

夫同類而前於牡丹者爲芍藥，同類而先於櫻華者爲海棠，其得名稱見詩詠，在二花王前，二花王起而奪嫡爲大宗。然吾嘗以千葉海棠與千葉櫻華對勘，枝條趺萼咸如一，不若芍藥木本草本之判然殊異也。櫻東王，牡丹西王，而海棠以文言，宜曰『芍藥海棠』。屈居戚里命婦，吾嘗爲不平鳴。抑江南牡丹，實遠不及中原壯麗。吾又以謂櫻無王度，江南牡丹無王才。客曰：近聞泰西人講求種植牡丹法，出口花驟增，將且不減櫻之入口。彼其人善幻多技能，以霸佐王，王彊本而富末，今茲新櫻故牡丹，孰知夫異日者不故其新、新其故乎？余瞑眩不能對。

花王閣者，國初逸人紀容舒閣名。襲舊而雙之，將以花柔吾情，降吾氣也。

曼陀羅室記

官齋五楹，中爲堂，左右各二室，右第一室，當後棟下，有簃子，漢人所謂連瑣，唐宋曰亮隔，今人稱落地罩也。中室三之一以爲深靖，楣有八分書扁，曰曼陀羅室，無年月人名，審其波發推之，蓋同治間體歟？曼陀羅二義，一者壇，二者花，則未知昔之君子居此者，儒衣而梵行，以壇義自整飭歟？或者志潔行芳，以花義爲比類歟？

吾眠食於是，燕間接賓僚審謀議於是。衣冠簿書，吾身業也。從違答述，吾語業也。靖惟謨圖，吾意業也。利與害相倚，興廢之際，得無有再則審三則惑者歟？新與故相消，得失之數，得無有一極備一極無者歟？賢與愚代匱，進退之際，得無有一家哭一路哭者歟？起坐而屏營，當食而嘆，夙興夜寐，無忝爾所生。

皖我司空公載德之地也，故家舊俗之尚存，南嶽英靈，江淮異人經師人師代出。嗟我君子、邦人、諸友旁觀者，皙若鑑。鑑形則將視此爲夜叉之窟、修羅之宫乎？則且視此爲闍曼德迦軍荼利威怒熾盛之所乎？抑或者其猶可張四曼、課三密、立兩部，相與講求夫三劫之何由度，十緣生之何由起、何由覺乎？夫無緣之慈，發心者同此願，而無緣之度，雖善逝有不能。鯫生素持名號者，加被護念，望之恒河沙佛矣。

持明室記

闢方丈室於曼陀羅室之西後階上，北通内院，西廂爲齋後退息之所，置榻一，椅二，長几一，電燈二，油燈二，丙夜電熄，油繼之也。長几陳新購巨帙書，榻偃息，椅取小而輕者，便自移舉，不煩僕隸。大榷以深靜爲主。窗外枇杷樹，綠陰若幢，朝日照其東，山鵲唶唶爲樂聲。庭露未晞，人跡都絶，夜向晨，逮日二竿時，時於此間得少趣，如昔在上都老墻根宅時。余之疲於當世久矣，盱豫而悔，豐而昧，勞謙而不能終吉。傷於外，必反其家，於是有閉關之感焉。

濤園記

濤園先生遯世於北江之尾，漚鳥爲徒侶，蜃氣爲樓臺，誦經、詠詩、奕棋、作大字，冥懷古昔達人豪士，聲音笑貌、闕文逸事，以爲作業。驅車而出，壙埌莽眇，若無所之。俄而有酒食，有笑言，則油油盤桓不忍去。其意念灑然，顧好與余言其所居濤園。余常誦辛稼軒三山諸詞，玉塔澄瀾，碧浪平野，以其地質君，君手畫口講如列圖。而語竟，必終以濤園之勝，許天玉之詩事，玆園誠君之西涯、弇山園哉！

自余初識君於乙、丙之際，其時中興者碩多在朝。金甌無缺，士大夫志氣昌昌，有唐元和宋元祐觀願；其自奮於功名學術風聲，亦往往以唐宋諸賢爲識志。君有恢奇大度，自以名家治譜，親有傳承，又重以外家宅相之遺，規畫魁閎，不屑於刀筆簿書，小廉曲謹，以逢當世。最爲南皮、新寧二公器異，應奇合變，意氣横出。余嘗語君緣在西南，假令建侯於屯見之初，先庚三日，經綸雷雨，持危定傾，豈無術哉？一本作『南康長沙豈其遠哉』。天靳其時，而乖其豫。夫綜君一生，遭際不爲不偶，仕宦不爲不顯達，乃暨其終，而龍淵漢文之奇，卒有所欝而未能盡試。士之於仕，有遭命焉，抑非可更僕者已。

濤園在烏石山南，按圖記，蓋明季許提學豸石林別業，其子友名之曰濤園。友爲天玉從兄，其所爲《石林記略》，有奇逸堂、匏居菴、梵聞亭、吞江、松嶺、霹靂巖諸勝，而其後黄莘田居之，題目爲「香草齋」者也。園歸君有，且廿年，而君王事驅馳，固未嘗得如賓之酬唱於西涯，尤不能如元美之致力增飾於弇州，繪圖作記，獨時時想像園中光景，與其意中目巧之室，以寄鄉思而已。固與曩昔士大夫之想望太平，志有效，行有合，一發抒其平生藴蓄者，等無有異。然則天下之事，其可願者，固終爲不可覯者也耶？

吾與君旅於海上六年，君今年六十矣。於《尚書》五行家説，言之不從厥極憂，視之不明厥極疾，聽之不聰厥極貧。我都人士之流離瑣尾於斯者，固已無不離兹三極，其爲言與視聽之咎何疑，而俾壽而康，乃多得周流於六甲五龍，幾終而更始。若是者，其動極而靜，有合乎仁者之體乎？申甫之神，猶百靈乎？仰歛五福而錫汝保極，有立於五行之上，處不用之地，而神其用，以大庇吾徒者乎？

余有新居於湖沆煙雨之中，有閣曰「駕浮」，有樓曰「鼂采」。客久而寤思，或朕兆於余懷，若曰：《易》之八宫，游者必歸，周宣斯干，居處笑語，君子攸躋，其天且終復吾耕食鑿飲於堯時，其天清而日熙，其邀福於歌頌大業之餘，水吾溪，山吾臺，廣吾廎，厭飫於水聲松吹，而以適心期，而以忘世疵也。孔樂吾土，與子偕臧，曰期頤已。

古磁碗記

古磁碗，光緒甲辰冬，廬山開先寺僧梅禪者以遺余，云出於瀘溪東山，野人有發地而得古墓者，中有磁器瓶盤碗六七事。碑文有天嘉字，縣署中人取之去矣。余屬瀘溪令訪之，曰事在數年前，不可復蹤跡。據僧所云，磚有天嘉字，碗與磚同出，則陳陶器也。江西之磁，說者謂始於唐，豈知陳世製已精美如此耶？瀘溪縣，明萬曆間割南城置，自元以前，南城，陳臨川郡治也。

碑銘類

廣西巡撫吴公昌壽墓志銘

公諱昌壽，字仁甫，一字少村，浙江嘉興縣人。曾祖高埈，舉人，官江蘇桃源令。祖廷欽，縣學生。父德淳，並有學行，爲世軌則。迨公貴，贈官如例。公應天淑靈，受識開敏。劬學早歲，博通群書。道光丁酉拔貢，庚午舉於鄉，乙巳成進士。以知縣之廣東，初權連平州事，政躅瘵姑，吏怵神明。屬群盜毛生列邑蝴沸，公練民爲兵，出奇制勝，咸推大將才。以勞洊升知府，賜孔雀翎，署韶州府事。韶搤全粤形勝，守兵不滿千，賊驟至十餘萬，礮石雨注，隧穴雷轟，公裍憑危堞衷袓層甲。閲十月，卒保孤城，兼犂賊壘。補廣州知府，未受事，會海氛不戢，居民震惶，大府知公能，檄守外城，凝立碉樓，周葺積賭，敵讐睢陽嚴令，城賴墨翟善禦。是後歷五年，再攝監司，恒援桴行間，傳餐戎帳，大粲大膊，累戰累捷，殪悍酋無算，復名城數十，功敍惟首，帝簡在心。由臬藩開府武昌，兩年之間，三遷厥位。鄂當天步初，奠民氣未復，公乃導靈和，宣豈弟，庶尹允諧，百隙俱振。朝廷以髮捻遺孽，竄聚齊豫間，復移公撫河南，會師扼剿。盡馳驅之瘁，植澄清之基，尋緣事左官，公睠念桑梓，歸展松楸。歲星未周，大雲復起。即家再授粤藩，旋署廣西巡撫，靖兵氛，興文教。才逾月，宿疢不斟，景命遽霣，年五十八，時同治六年七月九日。越一載，卜葬邑之長水鄉。公宅性慈惠，鑢躬此用《太玄經》『躬自鑢』義，別鈔誤作『鑪躬』。廉潔。典兵十年，多所矜活。分財三黨，没鮮儲蓄。夫勸勞王事，茂功也。睦卹婣族，穆行也。用能褫譽旂常，履福終始。於虖鑠矣？夫人徐氏，通詩禮，喜濟施，後公三十五年卒，祔公之塋。子一，受福，己卯舉人。女二，均適士族。孫一。同邑沈曾植爲之銘。銘曰：

偉人膺期靖邦瘼，儒文俠武兼濟廓。呴柔翼孱執姦毒，以義爲仁威作福。東江北江勞獨倈，刀劍銷藏字牛犢。吁功未竟涉汲鄂，再蒞蒼梧奄殂殞。嶂夔篝魖蔓藍藡，後四十年疾爲復，謳思慕公公不作。

皇清誥授榮祿大夫李君墓志銘

君諱嘉，字梅塘，寧波府鎮海縣人也。港口李氏，著於建炎。武節録於功宗，儒術傳其師法。茂異有燁，惇史備詳。歷紀四百，菁菁不絕。渠彌有渚，靈海委輸。都官千丈之舟，天市九星之度。是生奇士，聿有令聞。衛賜億中，本是儒家。弦高乘韋，稱於鄭志也。

亭翁位躋太守，君則太守之令子也。髫髦敦敏，闗憒講習。膺大雅之淑姿，備烝烝之孝友。鱅鞢儁其甲能，珉組衿其子佩。七典既習，百夫之特。而乃行藝之比，天府未登；俊造之論，司徒未選。

壽考遐作，或有遺賢。崐山崇阿，非無韞璞。射策三躓，知者閔焉。李氏汎陽侯之絶蹻，創共鼓之遐程。納來宏往之圖，節物估餘之率。天輪潮上，奘駔日新。君既本智徇通，兼以雍容之雅。使人則盡爵刀之力，知物則極蠡然之經。辭多取少而不矜，扶危定傾而不懟。諄諄長者之言，惴惴恭人之谷。稽諸雅詁，君允蹈之也。亭翁敦唐棣之義，君則伯持家政，命呼不異趨庭，兄或在原，急難匪勞永嘆，鄉國聞於孝謹，子弟襲爲家風也。亭翁有建義莊之願，君則善維繼述，產割膏腴。甿畝服其先疇，堂構翼于側塾，昏喪有以相恤，教學不肅而成。甄其規畫，粵引養年也。亭翁有卜式奉上之志，有朱公行德之誠。君寔競競，修業息之。孤絲寡繭之撫矜，骨親肉疏之存問，義井惠杠之事，民獻閭史之文，靡役不從，惠心元吉。九以執徐涒灘之際，水毁木饑之年；有驚麞駭鹿之蚩氓，賴振廩發倉而安宅。顧榮揮扇而靖民，叔敖甘寢而息患。陰德耳鳴，有時而用，亶其然乎！

君官至同知府事，封典一品。卒於光緒二十六年冬十二月初五日，年五十有九。夫人張氏，祁祁懿行，有靖家室。筐筥錡釜之誠，康甯攸好之得，具諸別志，例不繁稱。子八人：雲書、厚祉、厚祺、厚礽、徵五、鴻祥、厚祚、長祥。孫四十四人，曾孫十一人。□道遠而篤忱，俾熾昌以保艾。聆庭誥於象賢，瑑貞珉其勿壞。銘曰：

虖勺之山，施於句章。洵水入海，日次載光。三江今繹，二徑昔彰。氏惟舊德，族有令望。遂遂李君，仰橋俯梓。繼繼相承，含純不侈。廉賈之材，善人之器。爰集福富，視諸孝弟。有藹其言，有貊其音。昆裔誦述，洽比謳吟。睦婣周貴，質行齊欽。像圖讚石，碑字生金。耕餘之圃，長楊芳枳。

春鳥關嚶，潛鱗靈萃。華表歸來，室安閑止。鬱鬱佳城，千秋萬祀。

沈達夫先生墓誌銘

夫時已去者理窮，人或亡而心在。積憧憧於日往月來之宙，遠近親疏，將迎離合，強記巧算不能持。有人焉，去之數十載，而若存謦欬，神明炯然（清稿『炯然』作『披書』，兹從公定本。）常在。徵其感余懷者，特異而不同，則曷爲有此？此余銘吾達夫之墓，欷歔流連而不能自已也。達夫諱璋寶，秀水人。道光癸未進士、江蘇淮海徐揚道蓮溪先生子也。又希堂沈與我東湖頭沈世通譜，蓮溪蓋我水部公授舉業師，而行序爲兄弟。故達夫之兄書森太守（清稿『太守』作『觀察』，兹從公定本。）與我戟廷兄爲昆季，游於南中。而達夫與弟子美（此從清稿，定本乙去。上文未敍明『與弟』二字，似不可去。）與余爲昆季，游於都下，年相若，學相長，志相尚也。達夫幼（定本作『早』，此從清稿作『幼』。）以奇童著（清稿無『著』字。）稱。余少於達夫六年，在塾中聞之也久。同治庚午達夫兄弟同舉浙闈秋試，辛未春，來集京師，始相見。達夫長軀危立，鳶肩而鶴顧，眉宇癯秀，曠然有異恒人，（清稿『異』下有『於』字。）心益敬焉。自此相從游，（定本無『游』字，此從清稿。）上下其議論。

甲戌、丙子、丁丑、庚辰，達夫兄弟四上春官，皆與余同小寓。小寓者，賃近貢院民居數間，便出入。率六七人聚處，（定本作『共之』，此從清稿。）眠食共勞苦，宋人所謂權歇駐著者也。余以太夫人屬望，臨試焦切，動形神。達夫處境與余同，而意念廓然，時時舉楊園、清獻書以相警。其言若冰雪沃余心，清稿此下有『即事而見性』五字，定本乙去，改出於下。余之顓愚，得不汩於世俗，信道而欲仁，即事以見性，則達夫之體益也多。定本作『體益蓋多』，兹從清稿。既試畢，則相與考年程所得，其論學以張、陸二先生爲準則，而上溯程朱，以得唐宋會通。於經則由高郵王氏、棲霞郝氏之小學以甄六藝，尤喜稱李次白、鍾子勤兩先生之爲人。於史長地理，嘗欲於《水經注》有所疏證，而未見其稿。於古文尤篤好之，以爲桐城方、姚實一代文章之正軌，而治其學者，不能無體下之譏，學不足則然。常州惲子居、吾鄉錢侃石先生，近日湘鄉曾文正公，皆得學本於古人，用以劑方、姚，入其室而不踐其迹者也。達夫之議論宗尚如此。而所自爲文，則由錢氏以溯震川，質古清邃；詩體籜石齋，諷味寒拾，歸心於淨域，謂雲棲、憨山之學，閑邪存誠善世，於儒家言不相違而相益。持名號，發宏願，游心於常寂光中，彀成庶常特敬畏之。既屢試被放，即亦無意於當世，注選得校官，奉母於吳興山中。於是達夫得自遂出世之度，倏然定本作『飄颻』，兹從清稿。於愛惡攻取之外，無復有塵滓干其胸臆，於余輩自此遠矣。辛巳秋，余訪之於蘇州，游天平，坐僧房，聽泉聲，欣然意會。卧君齋中六日，論當世諸君子事業學術得失，箴砭多至言。癸未得君書，蒼古若國初逸民，所以期勉者，愧無以副君意。越九年，太夫人卒於烏程官舍，君扶柩歸里，積毀摧傷，神形俱瘁，踰祥而卒，年四十八。定本作『越九年，而君以微疾卒於烏程官舍，傳曰神明灑然，惟以不得終事太夫人爲憾。年厶十厶』。兹從清稿。蓋公文集定本，原從初稿。清稿則從達夫先生後人請改正者，疑當時並未録副，故後定文集，雖又有是正，而大致則仍初稿之舊也。所爲文字，及草創未就書稿，字奇古，斷闕不可識。嗣子庭定本「庭」字闕。下同。收輯可誦者，才詩文數十首，非其至者也。

君神明蕭遠，其生也，趣尚殊異於人人。其亡也，超遙憺寂於空居無色之常，固非復世間文字語言所當擬議。凡余所述，其諸非君意也耶？昔嘗擬君於六朝爲張融，於唐爲蕭穎士，君不以爲知言。則君之所存，非凡情所可測識决也。庭能文，學佛有悟解，請爲銘。銘曰：

斯人非一世之士也，莊生有言：畸於人而侔於天。乃其致謹於持躬爲學之間，曾不離規矩，謹守方圓。後代眇然，或信或傳，若斧不騫。定本作「吾無溢言，或信或傳」。

王君菊人墓誌銘

黄巖有隱君子曰王君菊人先生，純德篤行，韜聲閉曜，以孝於親，修於家，施於族鄙閭比，垂裕於子孫，子孫繩繩，蕃衍且盛大矣。先生年七十四而卒，卒後幾年，子彦威，卜吉於縣之某鄉某山，安崇宅兆，筮日營窀，以埋幽之辭屬曾植。曾植與彦威游久，禮辭不得，謹按狀：

先生名某字某，菊人者，别字也。祖進修，父祖高，三世皆以彦威官，封贈某官某大夫。王氏世居黄巖之西橋，已而徙縣前直下街，又徙城東東禪巷。先世積高貲，及先生父世，稍稍傾陊矣。先生少時，敦敏長悌，耇師耆執，屬目傾襟，期成遠大。先生尤摩厲研習，劬學砥節，卓自樹立。嘗一應縣試高等矣，以疥攣不克赴院試，而生計日艱。先生念薄田之不贍，親年篤老，蹙蹙鮮歡，無已時也。慨然自請於父，且讀且學計，洊遭海警，蕩析失居，終遂棄儒而賈。其始母本二百緡而已，賈五年而利倍息。析肆爲四，分使諸弟主之，爲諸弟授室，諸女弟擇佳婿，旨滑色養，既敬既安。於是祖高公得以頤養優游，齡登大耋，臨没顧先生而言曰：吾賴汝賈得溫飽，汝事我孝，汝婦諸弟皆事我孝。獨吾耿耿於中者，貧故輟學耳。善教汝子，他日述我志。先生泣受命。及後彥威兄弟就學，先生與盧太夫人躬自督程，昕夕靡間，卒昌儒業，成父志也。

先生於諸弟有摯愛，列肆分業，日旰會食。言笑晏晏，纖瑣不匿，儲蓄無私財。仲叔先殁，撫視諸從子猶弟也。季屢折閱喪其資，先生析所有之半畀之，已又舉所有悉資之，猶不足則悉肩其債負，季勿謝，先生無慍容。

自咸豐之末，而台州數警，十一年，黄巖陷於賊。同治二年，城復。先生始避寇邑之五部，陡石磝，徙嵊阬，資業蕩焉。亂定，矻矻僅復業。於時遭寇之債十償三，官司絜令，先生愀然曰：諸託財於我者，若孤婷，若嫋寡，若街彈邑義，其堪任此減率耶？一旦如實悉償之，而人之貸於己者，壹如令。受者大歡，鄉里皆太息欽厚德，而先生賈業自此亦不振矣。彥威舉於鄉，適館近游，以營甘菽水，先生處約怡然，猶謀所以贍宗族，尊祖禰者，拮據成宗祠三楹。彥威仕浸通顯，先生晚歲，老意益舒泰矣。益思擴充之，事未竟而殁。先生之宅心平，其於言也信，其接人惟誠惟謙惟儉，以是成其身，垂諸子孫。嗚呼！古所謂敦善行而不怠，髦期稱道不亂者，先生是耶？

先生生於某年某月某日，殁於某年某月某日。夫人盧氏有文德，遺集一卷，事實具瑞安孫先生、南匯張先生所撰傳。子幾人，彥威某官，彥某某官，彥某某官。孫九人，曾孫二人。方先生七十時，彥威乞假歸祝，依慕不欲行，先生敦勉強遣之。已又遣其室從焉。暨疾病，而彥威不及歸親醫藥，終身以爲悲。銘曰：

臨海迤南，群山嶄嶄。陿於黃巘海渚之汪泉。浹土康民，直以方王氏之先。嘉靖時遷，今五百年。厥貧而富，厥士或賈。儒風勿梏，吁嗟爲學。牛毛麟角，百畜一獲。先生觥觥，商隱儒行。何怍何攖，惟懷先志。匪達不止，匪孫惟子。後引雲仍，視先生式程，聰聽弗瞢。樂石斯鐫，我無讆言，萬歲不騫。

康太夫人墓誌銘

宣統五年十月，南海康更生一本作『康君長素』。奔喪反國，經過滬上，植弔諸舟中，斬如崩痛，山海慘愴。鮮民之生，故創常在，追感丁酉素車白馬，康君弔我上都時也。初稿作『斬如受弔，山海慘愴，五中怛熱，怳如光緒丁酉冬，植遭大故於老牆根寓屋，長素來弔我悼也』。一本作『感君今狀，念我昔時，惘惘經日，增悲怛也。丁酉素車白馬，長素弔我在京師也』。越丁巳，二人蒙難，一本無『二人』兩字。同處玉河橋館，悲感身世，則益念蒙穉孤露，恩勤顧復，悼我生之不辰，罔極之報不酬，疾痛深而呼母慽天地焉。曷籀康君，出所述哀烈録見示請銘。披卷卒讀，嗚呼！其忍無言。敍曰：

太夫人勞氏，南海人，贈光祿大夫少農康府君德配也。徽音姓本分奠，琅琊勞盛山民，祖祠萊母，遵海而南，蔚爲巨族。父德芳，候補知府，母徐太恭人。勞氏七葉素封，三世長者。齊儒質行，孝謹名家。周耦繫民，資乎富利。民功曰庸，潛光勿耀。是生令女，乃毓哲人。女子有行，言歸康氏。封君碩德，太夫人懿範，琴瑟在御，至哉坤元。攸攸肅肅，敬侔賓友。《內則》禮容，《召南》、《詩》志、《易》、《象》、《咸》、《恒》、《春秋》義事。動容周旋，不習無不利。威姑壽考，孝乎惟孝。竭誠供養，允卒且安。蘋蘩之薦，錡釜以鬵。踖踖莫莫，媥媥如也。封公中壽不祿，太夫人獨身閑家。巴水清臺，梁國高行。季婦祇肅，見褒聖人。臧母賢明，有煒於傳。松柏歲寒，受命獨正。黄裳之吉，文美在中。威如有孚，嚴君正焉。一本『正』作『謂』。康君闊達雄才，而名教之持，正容嚴氣。有識推論，本諸母德；《衛風》之言，『母氏聖善』。《小雅》之詩曰：『惟其有之，是以似之。』斯之謂與？天篤降喪，邦有大故。康君忠信見疑，出疆行遁。川無靜瀾，家不寧居。太夫人各本皆誤作『太恭人』。提攜稺弱，蕩析播遷。徙居戎邑，去我安土。隱約他方，風雲所以變色，白日黯而不光。予子行役慎旃夙夜。母之念子，嚙指不申。子之念母，心動精極。天高地遼，海波冥冥。玆尤康君所爲焦肺乾肝，百生長慟者也。丁巳國功，康君以弼德院長，禮得封母爲一品夫人。嗚呼傷哉！不及見矣。

太夫人卒於宣統五年癸丑歲七月八日，壽八十三。越三年庚申，卜葬句容之茅山，古記所傳金陵地肺。天后之便闕，清虛之東窗。疾病不往，洪波不登。實稽神之靈區，契河图之祕記。奠體魄於永寧，乘山川之純氣。地道羅浮，神無不之。紫蓋白羽，將翱將翔。子子孫孫，受兹介福於其王母。

銘曰：

雷雨動兮滿盈，情不克紓兮，辭不得平。孝子號天兮，洸洸精誠。生則有盡兮歿常在，山川盤盤兮，青雲晻藹。萬世不騫兮，左己之後必大。

蔣君墓表

君諱錫紳，字書箴，浙江湖州烏程人也。元圣茂緒，青骨靈祇。南北二望，鐫於譜牒。南潯之蔣，來自江南。望繫樂安，猶尚祖也。具區之濱，厥田上上。代有良農，誕懋淳俗。君之高曾，世稱長者。先疇名氏，繼繼熾昌。龍威之庭，府乎祕簡。景伯之學，迺好古文。角趣鴻都之書，善巧石室之畫，彬彬文質，爰暨乎君。生而岐嶷，童穉芬芳。七歲能诗，闕幘講誦。群経既通，洗洞墳藉。師事謝城汪先生，則南纪之元儒也。博依在於親師，別墨成乎當染。重差夕桀，特所研精。博士试業，以冠群雋。旋充秋赋，升於春郷。雖回谿垂翅，龍门曝鱗；而英聲駿發，達於遐邇。言路方開，臺司揖客。襄陽稱夫鑿齒，雲間蔚乎士衡。諏《昌言》於長統，資作奏於葛龔。乘風載響，仁言利溥。君亦發抒懷抱，稍稍自慰焉。中書古官，今也散地。立政匪夫常故，司徒異其高第。溫溫不試，翩翩其逝。居金門而陸沈，賦集栩而復所。君脩徽絚之學，具研桑之智；蘊嚴徐之文辨，圭頓之遠略。

言高位卑，我駕世遺。景命不融，末疾遽遘。甲辰年八月二十六日卒，享年五十。邦人嘆息，士友永懷。如何奄忽，喪我良士。既刊嘉德，傳之當世。惟君敦尚雅素，好圖籍，樂稽古。絀於事力，未充其意。

嗣子汝藻，秉兹遺志，纘緒逢年。粵恢晏氏之楹，若造孝堂之室。一本作『粵恢晏子之楹，若造武祠之壁』。苕霅流其溫涼，浮玉藏乎石匱。一本作『玉山崪乎石匱』。言刊第二之碑，用寄無窮之思。余昔潛郎署，君上公車；投縞相見，賓筵秩焉。既奇君高材，傷君不遇。閱逝水以成川，閟幽光於堂壠。漢世豐碑，情兼哀誄。今兹貞珉，義綜讚頌。其辭曰：

玉之韞，荆山暉。卞氏獻，楚國遺。若邪銅，純鈞資。歐冶邈，疇孰知。惟夫君，雋材猗。悅禮樂，行瑰琦。宜揚廷，備師師。數之畸，駿不馳。鬱青霞，掩崦嵫。長無極，後祀思。刻樂石，訊來兹。

清翰林院侍讀學士文君雲閣墓表

光緒三十年甲辰夏，萍鄉丱竭。越八月，星霣於文氏之宮，有光赫然。庚午服集其舍，故翰林侍讀學士文君雲閣卒於里第，故無疾也。日晡時，作書與陳伯嚴王木齋，已而進粥。粥罷就寢，夜中胸悶上氣，姬某按抑定，揮手曰：『止。』遂瞑。君於幽明晝夜之故，貞觀洞明其去來，宜有大遠恒常者。一旦灑然竟逝。嗚呼，超化所及，豈常識所能臆測哉。

余以文字言議與君契，相識廿年，上下古今，無所不盡。嘗竊以爲先漢微言，東京緯候，魏晉玄風，宋元儒理，以君識學所積，專精一業，無不足以名家。顧君以資平議而已，終不屑屑纂述。君才於史部爲尤長，窮其所至，亭林、竹汀，不難鼎足。晚頗亦有意於是，而日薄崦嵫，盛業不究。竹帛所存，千伯什一。嗚呼，其命也已！君所論内外學術，儒佛玄理，東西教本，人材升降，政治强弱之故，演奇而歸平，積微以稽著。於古學無所阿，今學無所阿，九州百世以觀之，嗚呼，豈得謂非有清玄儒，東洲先覺者哉！後世絕學復昌，當有貴君如余言者。

君生咸豐丙辰，卒光緒甲辰，年四十九歲。其歇歷則光緒壬午科順天鄉試舉人，庚寅科一甲第二名進士，授職編修。甲午歲大考翰詹，一等一名，擢侍讀學士。以盛名抗直，爲忌者中之，罷官。戊戌政變，幾陷不測。及今歲恩詔曠蕩，大臣或議起君官，而君逝。至君行事，當在國史，非尺碣所能詳，乃概言其大者。銘曰：

山有夷兮川竭，至人不再兮至言不滅。穹壤矢之，有如皎日。

羅君楚墓碣

君楚名福萇，吾友上虞羅叔韞第二子（编案：君楚爲雪堂第三子。）也。生而奇雋，脩徐玉立。其學於經史古義無不通，絕代方言，若西夏書、突厥書、回鶻書、梵天今古書，一能究其本末流變。將大有所述作，發明中國古書，補歐洲學者之闕失，觀其通，規其全也。既冠而學成，年二十五歲而夭卒。遺稿盈篋，而鮮成書者，叔韞方將整理之。余治釋氏學，常資異聞於君楚。君楚死，其父母諸從中外，咸蹙然若有喪，學者咸悲思。余悲特甚，爲表其墓。銘曰：

昌黎之稱李觀也，曰才高乎當世，行出乎古人。我儀圖之，君楚其倫。民與泯棼，揚僞屈真。庶孤學之必顯，勒隱痛於貞珉。

楊居士塔銘

聖教之興，以聲爲體，言語文字，三身五心。聖凡生佛，感應之道，莫切於斯。佛寶絕思量，僧寶有隆替。宏濟萬類，傳佛種性者，其法寶乎？其在西土，以結集爲決擇，滅後七日，迦葉阿難爲一結集於畢鉢羅窟，而四含經定。後一百年，優波麴多爲第二結集於毘舍離城，而五部律出。後三百年脇尊者爲第三結集於弗樓沙國，而大小二乘十二部三藏備全，四含五部之流，爲六足，爲婆沙，十二部立，而方等、瑜祇、般若、法華、華嚴、涅槃、大日、顯密具焉。蓋一度結集，即一度光明。於西土成事既然。其在東土，始以敍録爲甄綜，繼以雕刻爲宏布。自宋、遼、元、明，爰暨我朝，勅刊經藏不具論，其人間僧俗，發願雕刻者，則隋靜琬刻石於雲居，宋馮檝王求從鋟木於閩東，禪浙思溪、明密藏刊方冊於浙徑山，而今時楊居士刊《輯要》兼刻《全藏》於金陵。上下千年，作者五人，甚難稀有。卓哉！然靜琬受付屬於南岳思大師，馮王生五宗四家禪席風行之世，密公有憨山、紫柏、陸五臺、馮開之相助激揚。獨居士奮起於末法蒼茫宗風歇絕之會，以身任道，論師、法將、藏主、經坊，四事勇兼，畢生不倦。精神所旁薄，『所』字據手稿補。視前人爲倍難。手稿如此，定本『視』字上有『居士事蓋』四字，文氣不如原文之勁。檢別鈔本，上句脫『所』字，公校加此四字，蓋未檢原稿。又覺文意未足，而漫加之也。定本從之，疏矣。今從手稿。影與嚮相承，因與果不二，以法運通塞驗之，華嚴極盛於隋唐，天台中興於南宋，淨土普行於明末、國初，皆非刻經人所及見。而今者諸方競進，賢首、嘉祥、慈恩之微言絕學，浸昌浸熾。金胎教令，朕兆萌芽。佛日光明，復昭壞劫。居士實親見之，非創刻時所預期，則居士之效，視前人倍捷『捷』別鈔本作『疾』。乎？居士於三學教典，搜集於藏外若干種，選擇大藏輯要若干種，校刻大藏全經已成者若干卷。寓抉擇於甄綜宏通之中，至精且當，又非前人比。嗚呼盛已！

經坊始在北極閣，後徙所居□□宅中，治命捨宅爲坊，建塔坊中以葬。諸子門人，敬遵將事，昭其志也。居士之學，以馬鳴爲理宗，以法藏爲行願，以賢首、蓮池爲本師，性相圓融，禪淨徹證。所著書若干卷，目在墓表，不具書。居士示寂後七年，歲在戊午，塔成，故人浙西寐叟爲著銘。辭曰：

馬鳴道統，前婆須密，後闕刺那。是宣法性，次第法相，逮阿僧伽。摩訶衍論，義該般若，識阿生黎耶。南北兩宗，文殊彌勒，平等無差。洋洋道圻，信爲舟楫，念極津涯。華嚴證信，彌陀證念，生佛陀家。有始有卒，以易以簡，萬萼一茄。五教五宗，攝之二論，自在開遮。大宗地本，師説不傳，講樹無花。萬葉千枝，先生創通，有聖冥加。迴此法施，總持法寶，醫世癥瘥。萬卷萬德，萬行所則，普賢願嘉。十二部經，十二門智，文殊悦槎。此窣堵波，靈骨歸存，昔講堂些。滿字之都，有音如雷，有氣如霞。萬歲不騫，或來瞻敬，福等唵嘛。

傳記類

龔自珍傳

公手稿題前書『諸龔，擬以茂城、鑑、敬身、麗正、自珍爲次，列前，守正、自閎相次列後』云云。疑此文爲《浙江通志》而作，其他諸人傳未見。

龔自珍，字瑟人，號定盦，一名易簡，字伯定，更名鞏祚，仁和人。道光九年進士，授內閣中書，升宗人府主事，十七年改禮部，尋告歸，遂不復出。父麗正，爲金壇段玉裁婿，能傳其學，嘉慶元年進士，官至江蘇蘇松太道，所至有善政。著有《國語韋昭注疏》。自珍幼秉異姿，聰俊絕常倫，博通古今，精六書音韻之學，兼能讀蒙古、西番、天竺字書。生平著作等身，出入於九經七緯諸子百家。其於經，通《公羊春秋》；於史，長西北輿地；其爲文，以六書小學爲入門，以周、秦諸子、吉金樂石爲崖廓，以朝章國。故世情民隱爲質幹；尤好西方之書，自以爲造深微云。道光十二年夏，大旱，詔求直言，大學士富俊訪之自珍，自珍陳當世急務八條。爲內閣中書時，上書大學士，乞到閣看本。充史館校對，上書總裁，論西北塞外部落源流、山川形勢，訂《一統誌》之疏漏，凡二千言。官禮部時，上書論四司政體宜沿革者三千言。其官宗人府主事也，充玉牒館纂修官，則爲之草創其章程。當是時，以奇才名天下者，一爲魏源，一爲自珍。嘗著《西域置行省議》《東南罷番舶議》，時韙其言。程同文修《會典》，以理藩院一門及青海、西藏各圖屬爲校理，自珍因擬撰《蒙古圖誌》，以同文歿不果成，成《蒙古字類表》《册降表》《氏族表》。所爲文獨造深峻，爲一代雄。著有《尚書序大義》一卷、《太誓答問》一卷、《尚書馬氏家法》一卷、《左氏春秋服杜補義》一卷、《左氏決疣》一卷、《春秋決事比》一卷、《西漢君臣稱春秋之義》一卷、《典客道古録》一卷、《奉常道古録》一卷、《羽琌山金石墨本記》五卷、《羽琌之山典寶記》二卷、《鏡苑》一卷、《瓦韻》一卷，輯官印九十方爲《漢官拾遺》一卷、《泉文記》一卷、《布衣傳》一卷、《文集》三卷、《續集》四卷、《文集補》二卷、《補編》四卷。晚主丹陽雲陽書院講席。道光二十一年丁父憂，一日暴疾卒，原稿作『歿也。實以暴疾。世頗有異詞云』。後經公乙去。年五十。原稿此下尚有『歿於丹陽』四字。後亦經公乙去。

葛府君家傳

平湖葛氏，系出東陽。君諱金烺，字景亮，號毓珊，經業修明，八試不第。光緒己卯，長君雲威脱穎子衿，初試秋賦，君樂顧，親賫送之。或強之入，遂以第七人舉於鄉。再上春官，癸未成進士。丙戌殿試，朝考一等，以主事觀政刑部，已而改戶部。長君雲威，又以拔貢小京官繼登朝列，家門號鼎盛矣。一旦請疾歸，過余告別，余以恒情留之，君逡循笑謝，意思憺如，余心異焉。君歸而綱紀家事，宦情益薄，悠然藝圃，寄情書畫。其所收藏，多有關鄉邦先哲儒林掌故者，不侈高估，徇俗尚也。里居未幾而卒，壽不期頤，士林悼嘆。君既逝，而雲威亦以毁卒。其後數年，海宇雲擾，徐忠愍公、許文肅公首當慘禍，皆君懿親密友也。厥後衣冠塗炭，閭族乖睽，出處默語，我生靡樂。顧余輩白首流離，而後知君之先逝，不睹變遷，非不幸已。

業師兩先生傳

此文見《護德瓶齋筆記》，與筆記體例不同，蓋隨筆記載，亦非有意爲文者，故並無題目。今編入文集。援《柈湖集》例，補此題。

高雋生先生，諱偉曾，杭州仁和人。咸豐辛亥舉人，屢上春官不第，以大挑知縣，分發陝西，非其志也。將出都，用漁洋韻賦《冬柳》四章，留别親故，悱惻纏綿，傳誦都下。時關中回亂方劇，謁選者咸視爲畏途。劉霞仙中丞方督師勦匪，得先生，則大器之，委署盩厔，劇邑也。先生措置有方，不擾民而事集。中丞以爲能，更數大邑，皆爲大吏倚重。調咸陽，以病歸，年甫過六十耳。先生館余家，在同治壬戌秋、癸亥春，不及一年，爲余開筆師。然平生詩詞門徑，及諸辭章應讀書，皆稟先生指授推類得之。先生多交游，暇則蠅頭字鈔張天如《通鑒紀事本末》、谷氏《明史紀事本末論》，余因是知明季復社文學。是時王硯香先生館舅家，二先生日爲詩詞唱和，余私慕仿爲之，匿書包布下。先生察得之，笑且戒曰：孺子可教，俟他日，此時不可分心也。而余知杭、厲自此始。先生自館中登車，余送於門，賓客多，不得儳言，余流涕，先生顧余亦流涕，至今情狀在目前。辛巳秋，訪問先生，已歸道山矣。無子，遺稿不可問。聞晚歲多病，懷抱頗不佳。

羅吉生先生，諱學成，杭州錢塘人。同治壬戌補行辛酉舉人。娶汪氏，雲壑先生曾孫女，叔母汪太恭人族姪也。同治戊辰，館余家數月。先生善柳書，殿試大卷，與楊雪漁編修齊名。雅自矜重，不與庸俗偶也。屢上不第，而志氣不衰。館保定趙經歷家最久。癸酉冬，見於趙氏，飲余醇酒，數酬遽醉，先生笑余不堪傳衣也。金云：文似未竟。

記蘇完公事

予於虎兒年春，應蘇完公招至鄂。蘇完公當指張文襄。虎兒年有誤。如謂庚寅，不特文襄未開府兩湖，公亦無出都赴鄂事。如謂壬寅，則公正月已回京，無由至鄂也。無已，其辛丑乎？然公於戊戌、己丑、庚子，皆在鄂。辛丑春重應文襄之招，不應。惟時在庚子亂後，東南方謀自保，語及兵事方略，尚無不合。存疑待考。到即傳見，兵衛侍列，尊嚴若神，絕不似江南之簡略。公衣冠出，長髯拂拂，色若銀，容儀莊肅，亦不若在江南時坦率。問余近歲蹤跡，及兵事方略，余侃侃談，公靜聽不儳一辭，既而曰：久不見賈生，故自不同。手授余營務處札，曰急往見藩臬，省城軍事一付君，好爲之。舉茗起送客，余意欲控辭，而匆匆不能出口。

劉方伯、李廉訪，皆余舊相識也。而皆制軍戚屬，相見歡甚。余陳辭意，兩君皆以嘲謔應之。詢軍事，則同聲應曰：吾儕何知軍，聽命幕府可耳。詢幕府何人，劉密語曰：徐語君。問幕府才識布置何如，同聲曰：不可及，不可及。

書張氏二烈女事

痛乎今之從政者之所謂法律之賊人心悖天理也。鋤願而庇姦，法吏因之，蹂廉恥，鏺名教。尤惡夫女子之守貞節者，曰吾所學無此理，則一切以兒戲決之。悲夫！天之蒼蒼，其終忍此下民之寃沉無告也耶？則又曷爲賦之秉彝而生其羞惡之性也？

張氏二烈女，南皮人也，長曰立，次曰春，父曰紹庭，母金氏。張爲南皮士族，紹庭貧，負販，已復折閲，挽𨏥車於天津。『𨏥』字不見字書，《詩》『我任我輦』注：任，負任者；輦，人輓車也。《廣韻》：『輦，人步輓車也。』公詩每以步輓二字況今之人力車，『任』應與『輦』義相近，或即此『𨏥』字乎？故公亦假謂人力車也。疑『𨏥』爲『賃』字之譌，與下『無以償』句相應。則又亡其車無以償，閉門泣。戴富有，倡家也。瞯紹庭二女，冒良人以媒往聘春，誘紹庭曰：得聘錢以釋難。紹庭貿然以春許戴次子。逾三年而紹庭卒，富有言曰：紹庭與我飲，許以長女字我長子，次女字次子。金曰：無之。則使其妻以甘言誘金同居。既同居，乃徐勸金改醮，女習樂歌。金悟而怒，徙居，攜子女去。戴妻強留，立笞，逼習歌，號哭聞於鄰。金往迎而鬨，鳴警察，警察直金，立得歸。於是戴富有以悔婚控金氏於所謂地方審判廳者。廳不直金，判以春歸富有長子，固已顛倒任意矣。戴富有復造僞婚書，謂金二女字其二子，控於所謂高等審判廳者，廳復不直金，判以立歸戴長子，春歸戴次子。一切詐欺凌偪良賤曲折，鄰里證佐，警察原案，皆不問。戴富有訟勝，迎女有日矣，金急語二女：我以死庇汝。二女泣曰：女有以自處，母死，如弟何？一夕。姊妹同服燐焠，毒發死，立年十七，春十四也。其事在丙辰三月，天津人冤痛二女，傳其事，法吏聞之，笑國人無能詰也。

銘贊類

研銘十三首

公題《研銘》，都十三首。舊鈔分作九題，曰《端研銘》者四，《乙盦校律研銘》者一，《蕉白水坑研銘》者一，《莄硋藏研銘》者二，《玉蘭堂端研銘》者一，未入文集。張孟劬太守爾田謂當編入文集箴銘類。金云：宜彙列一處，總題研銘，從之。其持名者，仍附原題於文後。曰《蕉白水坑研銘》，實爲一詞，宜入詞集，玆欲仍舊鈔之舊，附録於下。序曰：『蕉白水坑研，子林六弟貽予者。弟自粵來住兩月去，別十年矣，相聚無幾日，予又在病中，歡意未忺，良時易邁。弟去後，予又小病數日，偶賦此詞，刻諸櫝上，庚寅七月子培甫記。』詞云：『生衣涼約，是秋來別緒迴凄清。寐歷茶鎗棊局，笑語省餘聲。凝想行人千里，知峭帆煙水幾程？向虛堂，不見重簾自捲，獨夜聽殘更。總是離多合少，漫寒燈相對，念平生。華髮蕭條，攬鏡歡思耿難盈。搖落中年懷抱，那蕭蕭病榻又蛩鳴。刻雲腴，記取五年後約彭城。』案『峭』原誤作『消』，『幾程』下有『南浦』二字，依金校正。金云：『峭』當用平聲字，恐尚誤。又云：詞調當是《南浦》，調名羼入詞句中，知『峭帆煙水幾程南浦』九字有誤，刪『南浦』二字，此句少一字，末句亦少一字。

廉不劌，石居士。

眉彎一綫，初三夕見。

大方無隅，近墨近朱。介貞石，性不渝。

帶縱之方句中矩，弧折磬折，審茲取。鄂不競秀，柏悅松茂。宣統己酉，遜齋叟六旬初度，茝碊六弟寄此四研，越日銘之。

北溟遺珉歸阮伯，不竟厥用石無色。

法家石友，文句可淆，律心不朽。乙盦校律硯銘。

百年南北劫灰再，延恩舊物百一在。抱茲遺研清淚漼，質完理樸衷則丹，子孫寶之宜歲寒。

天玄地黃，萬物化光，令聞令望。

金雲縵光，歙溪石王，延恩研祥。

有明文氏之遺研，後三百年，歸於遜齋居士，爲之銘。

田甫田，思遠人。勞心忉忉，其合緡緡。李鄉民，諗後人。宣統庚戌臘日。玉蘭堂研銘。

端溪之精紫雲腴，兜羅輭，春露濡，佛手如如我手如。

杖銘

案：大限，日相大限重信。游存，康有爲。

大限昔贈游存，游存持壽寐叟。不知東觸西蠻，畢竟誰家勝負。夢夢宰相，槐安□□，原鈔本作『王王』。檢手稿，非『王』字，但不可認，似『可可』兩字。紫衣魔袖。杖打虛空，驢前馬後。

新甫杖銘

案：錢駿祥，字新甫，嘉興人。

昔所栽，今可仗。不用蜀都稱，亦非滇池餉。南陌東阡恣來往，終身讓，路不枉。杖兮杖兮，壽者相。

秀水陶元暉中丞像讚

猗嗟名兮美目清，胡窅窅兮凝其盲。退然若不勝衣，而智周當世。嚼然泥而不滓，乃卒殞於蜩羹。後三百年發潛德，子子孫孫引無極。

韌盦先生像贊

案：韌盦，勞乃宣號，字玉初，浙江桐鄉人。

泰山自稱高，不如東海勞。昔諷齊謠，思心忉忉。將以是詩於圖，爲君千里一笑。矧而未遂也，顧今對遺像而籀豪。霜野蕭條，謖若松濤。喟寒風乎獨立，蹇臺笠以消搖。長無絕於終古，以禮魂兮，昌厥後於鬲郊。

方君像贊

奕吾國華，海邦伏推。大中顧勢，鎮彼霞臺。施范不作，蔡墅鋒摧。觥觥方君，再接厲哉。才行巧鬭，品高勢恢。惟君雅德，兼此妙才。坐隱穆然，仙赤松儕。圖畫丹青，昭兹後來。

某翁像讚

草笠布衣，風貌樸古。不知者謂是越澤之老農，知之者曰是晉國之大駔。彼敦質行以隱於市道兮，宿諾之責堅於堨堌。每不貳以終事兮，抗友道而齊諸君主。固利不移而巧說不能惑兮，乃以是持危定傾，泰然其無懼。落落兮長松，山嶺岑兮石抱土。山氣重靜若狀翁之容心兮，野鶴蹁躚而起舞。世囂凌之無常兮，吾將榍蘖此翁以拯商道之苦。貽厥安兮艾爾後，長毋偭忘兮高曾規矩。

八徽圖讚 原注。辛酉。

李君雲書奉其太夫人家傳《八徽圖》請題，寐叟讀海藏樓主撰傳及諸賢詠讚，喟然興嘆：敬善哉善哉，聖善母乎？功德天乎？合十讚曰：

閻浮提樹東南枝，普陀落伽小白花。花光映曜香水海，海西岸有明州城。樓閣蔥欝功德雲，四明吉祥月吉祥。是有善女人所居，李長者婦張星緒。《八徽圖》讚謠詠詩，譬百千種樂並作。緊那羅歌天女琴，聞者一時皆適悦。彼長者婦衆懿行，説之可當勸善書。彼長者婦善氣充，鉤召一切福吉祥。與者食者慈悲者，具財吉慶施金者。過去福與未來福，身剋因果非由他。彼長者婦不奉法，不習名身文句身。而具無量檀施心，能行一切菩薩行。過去佛世宿命因，今生具足無師智。彼長者婦龍天護，火難羅刹難不侵。吉人天相天非他，在此慈祥質多心。彼長者婦多子孫，性種性傳神不滅。代代常續此喜捨，是則名爲大吉祥。世間女人八十態，瓔珞嚴無福德嚴。常爲鬼毒夢恐怖，速疾禮此歡喜母。彼長者婦五善備，速疾效之多福來。《八徽圖》是女傳圖，饑餓衆生咸渴仰。我以佛意説世情，李太夫人傳讚竟。

張母桂太夫人像贊

乾坤毁，劫波黷。水火風，難相續。長者婦，應機作。佛津梁。民菽粟。菩提心，檀攝六。功德華，莊嚴馥。子孫繩，富壽福。世緣盡，歸極樂。期三年，戒煞恪。懿天人，如來族。我聞欽，讚兹録。

乙盦自讚 原注云：『宣統五年癸丑，滬濱攝影。』

是桎義而梏仁，天之戮民。是燭幾而避世，國之罪臣。滔滔者天下皆是也，獨善其身，胡不反其真？長於上古而不爲老，覆載天地刻彫衆形而不爲巧，而猶局此眴息之存也。噫！

造像自讚 文集定本原題《像讚》，孫云：此亦似自讚，是也。蓋己未爲民國八年，公政七十，攝影寄子封提法者。近人雅語號攝影亦曰造像，援例改此題。

電雹光中，瞥然影見。窮骨崢嶸，病身偃蹇。乃如之人兮，今年政七十邪。奉父母之遺體，俾爾壽不騫，俾爾居得安，俾爾晝得視，夜得眠。曾不能繼之以善，纘志事以希聖賢也。明發不寐，忉忉慱慱，持寄叔子。宣統己未。

祭誄類

祭張隱君文

惟先漢之淳俗兮，士孝悌以力田。三年耕而成學兮，農家者流頡儒墨以爭先。實嗞逸於典午兮，抗高門而目眯乎九穀。睎陶潛於柴桑兮，孰千秋克攀其躅。惟先生之偉節兮，裒乎尹於田間。攘攘朝華夕萃（一本作『朝榮夕悴』）。爭乎朝市兮，簪初九以龍盤。橫大江以胥宇兮海之壖，原田每每蒿萊闃其無人兮，顧田畯而色喜。決甽澮而肆堰潴兮，□（文集抄本作『殷』，驗手稿不似，姑闕待考）。息土於天昊。變淳鹵爲墳埴兮，率民養以群趨。昔過癸之辨物兮，一施三施五施之則微管焉，書固先生之作。修□□以創先用兮，瞠何懟民獻之十夫。耦作息於桑下兮，軫塾隘而吁悼。夫孰非黃農虞夏之遺人兮，迫虎猛而噍噍。有賢子挺高才兮，朝修業而夕考。曰庶狃天閶以宣此隱兮，道余懷而仁慈耇髦。惟玄穹之不惛兮，人之爵云報其天。幾（案：一本作『庶幾』）。修齡之久視兮，攄大論以惠我元元。黟海水之群飛兮，謀於國曰群言之首。夫孰推之而孰尼之兮，說未既而煢煢銜疚。冥漠羌其難診兮，懿恒幹亦固靡常。躡遐風以上征兮，當先生之没其世猶樂康。惟喪亂之蔑資兮，愧我友而愲愲。戴星奔而毁瘠兮，孰民生之多瘁。酹椒漿以遠告兮，戚登拜之末申。徂宅兆以永安兮，魂永佑啟諸後昆。嗚呼哀哉！尚饗。文後自記：共三百九十六字。

祭姚菊坡同年文

惟厶年厶月厶日，年愚弟厶以旨酒蔬肴，致祭於姚菊坡同年大兄之靈曰：

道與世喪，人由人立。參曰三才，貞於一息。澒滄海之橫流，號物萬而同吸。惟夫子之清心。靡聽營一本改作『聽熒』，蓋據《莊子·齊物論》『是皇帝之所聽熒也』。然亦通作『營』。《北史·甄琛傳》：『至使朝廷識者，聽營其間。』公蓋用《北史》也。不必改。於衺黠。偉獨立於江介，手稿『江介』旁以淡墨改『寒風』二字，而原文未乙去，蓋尚未定也，今仍從原文。群士表坊乎是則。孰吾德之遂孤，萎哲人於奄忽。『奄』旁以淡墨改一字，已漫似『猋』字。孰主張是？孰法藏是？孰司造物，殲我良只？惟修幹與長髯，聲上揚乎清徵。禮松柏之有心，《易》之貞足以幹事。瞭清炯之明心，物交物而真手稿似作『冥』。綜其終始。知有欲之爲徼兮，信無疵者達之靡滯。言甚簡而心長志傀俄，亶日新而未已。黎君子之流離，憯影形於江澨。恫至教之陵夷，曰蕢叔違天余仰止。得同術以營道，若鐘磬同音而宮軒迢遞。高厲發軔而重審，際隉杌而泰然其有恃。信此志之不改兮，斯文宏於人而天其不墜。余羸者而志偷，欽夫子之堅磑。貢百一於參商，豈足以益夫明智。歲木火之紀窮臘嘉平，於余乎賚計發春之行軷。南望漸乎武林，永言既善而謀良。文似未畢。

沈敬裕公誄辭 並序

惟宣統十年九月初二日寅時，閩濤園沈公病卒於滬東沈家灣廡廬。嗚呼哀哉！惟君襲峻崇嶽，導裔洪河。堂構傳忠，書桯（文集定本誤作『程』，此從手稿。『桯』同『楹』，書桯，猶楹書也。）纘業。先文肅公以敬善辨能之丕績，揆文奮武，昭於江介。爰冒海隅葛氏心書，傳家治譜。公自丱甲，趨受過庭。父子之間，莛敂冥合。文肅公奇其智意，晚年文牘，時令參定，以爲非常童也。中興諸賢，淵岳閎深。袁犯相資，廉藺交讓。徵言或寄於善文，目論或淆於世語。兵技陰符之奇，海王乘馬之規。既遍讀乎父書，乃神交於先友。推其緒論，益廣淵思。暨其棄繻而出，投筆以行。論議則《鹽鐵》從衡，筆舌則卿雲俊達。暮絡三期，盱衡百國。中朝士論，閫外碩臣，靡不聳敬。期之父子繼業，經國才焉。淮風別雨，情見乎篇章；韶石匡山，事炳乎丹雘。駪駪靡及。遠及苴蘭。長略促期，宏襟短袖。陽三陰五，午亥灾會。明夷于飛，君子垂翼。退隱於江海之澨，悲歌發憤，憔悴行吟。積憂成痗，魂魄離散。景命不融，奄躋東岱。三日不食，嗚呼哀哉！帝臣不蔽，簡在九重。遺表騰哀，天心震悼。愍綸宣降，特謚敬裕。魂而有知，庶幾瞑目。乃作誄曰：

何世無才，何劫非賢。成之也天，壞（手稿及文集定本皆誤作『懷』，孫校云：『懷』當作『壞』，是也。）之也天。乾坤反復，三五蹇連。傷哉崐炎，磒（手稿作『磒』，文集定本不知誰校，改作『殞』。考『磒』與『隕』同，不必改。《春秋》僖十六年『磒石于宋五』。《列子·周穆王篇》：『王若隕虛焉。』注：『隕，墜也』。可證。）我瑰璿。瑰璿惟何，景山松柏。方斲有虔，寢成斯籍。通變卦才，化宜爻列。東粵英賢，瑋乎邦伯。中興之際，周士氣昌。樵談王道，賓觀國光。君才孔碩，膂力既剛。緇衣京洛，君子陽陽。五際六情，九邱八索。發爲詩謠，風期磊落。怒翼雲騫，高掌嶽拓。述德有聲，登高能作。名者實賓，文將質著。作奏葛龔，爲命子羽。江鄂山川，張劉燕譽。事與時並，不勞而舉。京兆廣陵，漢番禺隱之。桓伊豫章，劉寵平夷。我思古人，觸類師資。笙磬未諧，高張舃施。高山爲谷，桑梓龍荒。同潛蚇蠖，牢閉顛當。土室不春，幽國無陽。視天夢夢，有目睆睆。生也有涯，死其無所。獨坐空堂，出門永路。侘傺流人，式微中露。狐裘蒙戎，孰以孰與。惟公雅才，天機迅出。惟我知公，勝公自說。酌引蘇茶，沉耽杜癖。策事抒憂，高歌裂石。或鼓或咢，或默或語。迴戈文子，班荊椒舉。東海漚鳥，西方邛距。晝地匪米，撥灰無芋。偏其反而，天竟如何。公氣山湧，我淚霖多。邈兮河清，掀兮海波。祝宗我祈，醇酒公酡。公病膏肓，完巢哀相。竈『竈』謂裨竈，文集鈔本竟誤分爲『空電』二字。亦多言，應那如響。文集鈔本奪『那』字，連上誤字，竟成『空電亦多，言應如響』二句，有思誤無從之恨。夏痛未燔，秋哀重創。執手臨危，撫心長往。嗚呼哀哉！老作家羈，寧爲伯有。疇昔茲言，唯唯否否。我願先公，忽焉今後。魂兮歸來，毋忘援手。追惟疇昔，珠巢米市。敬禮鸞翔，仲宣鵠峙。叔度波澄，元龍牀跂。君處其間，星堂聚緯。卓犖雄文，激揚正色。鑠古切今，稽經諏律。清才長才，敏德至德。論作時宗，賢爲世出。沉吟三紀，寂寞千秋。誰諧謨弼？孰勒鐘卣？青史未光，玄夜長幽。末途汐社，君亦藏舟。嗚呼哀哉！周餘黎民，今年惡歲。暮樹號鴉，儋州身世。我詩未寄，恐傷公意。寫奉繐筵，筆與淚馳。豈我哭公，公應泣我。病榻支離，蓬心折挫。接武諸賢，上昇廣果。永夕范張，報余其可。嗚呼哀哉！

祭梁文忠公文

嗚呼！崩坼之歲，群匿海陲。公僦一椽，壞漏□□。輩儕過逢，慘澹風埃。饋漿索米，保此孑遺。於時畏途，虎豺森向。北望莽莽，橋山稽葬。公起狂走，動天聲放。呼籲獲報，負土臨壙。九廟式憑，一士無讓。功收將作，種松繞陵。爰董厥役，槖駞與朋。鉏鍤萬柄，日炙霰凝。滴淚滋膏，萌蘖懷新。翔鳥圍集，影覆孤臣。星躔環迴，入傳冲主。夙夜啓沃，運殊道久。憂患銷精，俄傳示疾。臥枕作魔，講幄虛席。盛暑兒還，附禮見抵。舉腕強書，欹傾滿紙。心躍意癡，庶幾母死。孰謂飛霆，碎落鐙几。覆視遺墨，魂親尺咫。嗚呼哀哉！公自弱冠，躋階華秩。攀援汲范，樹節嶽立。抗劾權相，坐黜儒俠。飄影江湖，焦巖養蟄。攄託千篇，蟬幽螿澀。終依南皮，五嶺三楚。待以賓師，教士復古。中間拔擢，握符填撫。嫉溷筐篋，棄如脫距。嗟公竭忠，動繫存亡。兇指莽豫，遺禍家邦。初疑過言，驗圮人綱。必有妖孽，垂戒旂常。氣類獲交，久敬稱善。武昌之樓，金陵之館。倒腸酣嬉，飛吟引滿。時對涎尺，擁噉大臠。紀事留題，隕泣濯盥。轟吐談舌，震雷舒卷。辟易一世，斥彼婉孌。孤往自憙，微鄰剽悍。矜氣害道，弗拒予砭。念亂傷離，峙懸餘喘。今安覓公，骨傍崇巘。其神旁皇，德運挾轉。猶能下窺，爲哀老嬾。碩腹長髯，綽約在眼。嗚呼哀哉！尚饗。

策問對策類

策問二

問歷代兵制，沿革猥多。舉要言之，大較自唐以前，多出於調發，自唐以後，多出於召募。世言兵與農既分而不可復合，則唐世府兵彍騎之變，實古今兵制沿革之大端歟？府兵之制，具詳史志，曰十三衛，曰十二道，曰十二軍。農戰並課，番上以時，立法綦詳，而行之曾不百年，耗散亡匿，民疲苦而有事時亦不足以給用。變而募士，蓋亦出於不得不然歟？唐人以府兵爲良法，意固重在銷亂萌，不在飭戎備歟？試取《通典》《唐書》所載，鉤挈綱要，敘列而論其利弊，明衛所兵與唐府兵，大體同異若何？府兵番上之制，倘可變通行於後世否？唐人選兵之法，與武科試法，大略相近，試詳之。

問唐世科目，名類劇多。秀才銓品最高。而中葉以後，惟進士爲士流所薈萃，其故何歟？進士例帖經，而唐世鄉貢，多習詞賦而不嫻經術，則此格爲虛設歟？禮部試三場，其次第何若？自宋以後，得第即得官。而唐人登第以後，又有試判、拔萃諸科，且有進士及第後，復以學究登科者，此何說也？諸所稱等第拔解雜文贖帖之流，與宋制或不甚同，學館生徒，即宋之太學上舍，而宋士大夫，上舍出身者多，唐士大夫由學館出身者少，何也？將無獎勵之途有厚薄耶？

光緒庚辰科會試第五策對

說北徼事者有二難焉：其一種族不易知，其一疆域不易考。載籍無徵，抑又其次也。

漢通西域始張騫，然董君對策，在元光前，先於騫之出使十餘年，其文已見康居，則康居之名通於漢久矣。康居之域最廣，其王冬日所居在今哈薩克右部境，而夏日所居去之九千里。古法二百里而當一度，九千里當四十五度，蓋已在歐羅巴西北域内矣。奄蔡自古莫能指名其地，或以爲在今俄羅斯西伯利部中。按奄蔡在康居西北，奄蔡近而康居益小，與史稱康居西域大國與大秦鄰者不合。奄之與阿，皆爲喉音影母，蔡有粲音，又與思合。據奄蔡一作闔蘇，又名溫那沙，意者漢之奄蔡，即元之阿羅思，今俄羅斯歟？俄羅斯建國於唐，不妨自漢以來，先有奄蔡之號，正猶吐蕃建國於唐，而其先先有南涼禿髮氏也。說奄蔡者，魚豢《魏略》最詳，按其所言，固隱隱合符矣。《魏書》析西域爲四域，其曰葱嶺以東流沙以西爲一域者，今天山南路也；葱嶺以西海曲以東爲一域者，今巴達克山愛烏罕之地也；者舌以南月氏以北爲一域者，今哈薩克敖罕布哈爾之地也。兩海之間水澤以南爲一域者，蓋在鹹海裏海間矣。《漢書》詳道理，《魏略》備種族，《魏書》辨形勢，合而觀之，西域方域沿革，大略可知矣。

隋時突厥最強，不惟東服室韋、契丹，抑且西破波斯，臣吐火羅，又辨機所記西域國王，往往爲突厥種，蓋自數大國而外，爲所蠶食者，中國直無從知之矣。傳稱起遼海，至西海，東西萬里，非虛語也。唐太宗使李靖擒頡利，高宗使高侃擒車鼻，而東西突厥，並爲唐滅。當其盛時，燕然都護領漠南，所統者，狼山、雲中、桑乾三郡，蘇農等十四州，則突厥延陀遺民也。瀚海都護領漠北，所統者，瀚海、金微、新梨等七都督，仙蕚等七州，則鐵勒十五種，及拔悉蜜、葛羅祿、結骨、俱羅勃諸國也。安西都護領西域，所統者，月氏等八都督，悅般等七十二州，則自疏勒、龜兹以往，逮于吐火羅、波斯，皆其屬也。因部落以爲府州，因酋長以爲刺史都督，自秦、漢以來，以郡縣治屬國，蓋莫盛於唐已。案今之都魯機，蓋即西突厥遺種也。知者都突機厥，合音正同，一也。突厥祖居金山，都魯機祖居阿爾泰山，阿爾泰山即金山，二也。《唐書》大秦北接突厥可薩部，都魯機舊都南接羅馬，羅馬即《唐・大秦傳》之驢分，三也。突厥別部之長謂之設，都魯機別部之長曰沙，設、沙語同，四也。據泰西人所記。證以《唐書》，一一符合。蓋大食既衰，而突厥種族乃復興於西域也。突厥既亡，開元後回紇乃奄有漠北之地，然其境南不能踰瀚海，西不能起葛羅祿，北不能服黠戛斯，以擬突厥，渺乎小矣。

遼金地志，北徼不詳。其見於他書，有黑車子、牛蹄突厥諸種。黑車子亦見《唐書》，疑即今布拉忒、烏梁海諸種。元之兀良哈，元魏之烏洛侯也。牛蹄突厥之居，已在極北。據泰西地圖，環冰海而居者，人皆短小，毛脛，捕貂使鹿，自黑龍江北，西至瑞典皆然。其牛蹄之說所自來歟？《魏略》言北丁零有馬脛國，膝下生毛，馬脛，馬蹄，走疾於馬。康居西北有短人國，男女皆長三丈，蓋亦此類也。

元太祖起自斡難河源，即今之敖嫩河，地本極北，故《祕史》記建國之後，即收林木中百姓。林木中百姓者，蓋自黑龍江北達於海，居渥集老林之捕貂使鹿部也。既滅乃蠻，旋收吉里吉思。吉里吉思者，唐之黠戛斯也。據劉郁《西使記》『乞里乞寺易馬以犬』之文，知其種亦有使犬部，是時已拓境北海矣。其後太祖有西域之師，而速不臺再伐阿連、阿羅思、乞卜察三國，冒險長驅，卒取其國以封朮赤。按阿連國在黑海之阿連海灣，地處極南，阿羅思在其北，乞卜察又在其北，蓋舉今俄羅斯全境而有之。兵威之盛，誠亘古未有哉！其諸王之封，以朮赤與察阿歹爲最大。朮赤封阿羅思，奄有今大俄、小俄、南俄、白俄諸地。察阿歹封，跨葱嶺東西，奄有今天山南路、巴達克山、布哈爾諸地。察阿歹子孫又分枝各王，阿魯忽王于闐，阿只吉王別失八里，而錫里庫西征六年，盡滅没黑奚、報達諸國，而王其地。没黑奚者，《諸蕃誌》所稱大食國都密離徐城也。報達即《諸蕃誌》之白達，其故城在今都魯機東部中。自明以來，西域所稱哈烈、撒瑪爾罕、別失八里諸大國，大抵皆阿察歹之裔也。他若察八兒寬闍，封尋思干，今敖罕地。海都封金山北，篤哇與之相鄰，當今俄羅斯托波爾界中，其東南則有謙州、益蘭州、馬可剌、撼納合，皆在今北邊外額爾齊斯河東，東漸於海，亦嘗以漢人涖之，而隸於和林行省。此蓋舊京畿內，郡縣錯居，非若怯緑連東，僅爲斡辰大王別勒古臺分地已也。

國家聲教遠暨，重譯輸誠。好古之士，所愿馳域外之觀，效山川之對已。

雜著類

漢律輯存凡例

自注：代薛尚書撰。《清史稿·薛允升傳》有《漢律輯存》四卷。據金甸丞太守蓉鏡言，是書實公與徐博泉同溥同輯，書未見。論凡例墨跡，當是公中年所作。《允升傳》：『光緒十九年，授刑部尚書。二十三年，坐事鐫級，貶授宗人府中丞。』此數年中，公正在刑部。十八年，擢江蘇司郎中。二十三年丁憂。撰此必在十九年以後，二十三年以前也。

蕭何之律，本自李悝，漢晉法家，傳之有緒。而應劭《風俗通》謂《臯陶謨》虞始造律，蕭何成以九章，傅子一本作『傅玄』。謂律是咎繇遺訓，漢命蕭何廣之。其在秦時，則呂不韋稱咎繇作刑。《韓非子》謂刑棄灰，是殷法皆推秦法而傳之古制。九流之學，莫不託始帝皇。然班《志》言法家本出理官，而李氏系出咎繇，世世司理，以官爲氏，則李悝之學，必有所本。應劭、傅玄之說，不可廢也。漢律文爾雅古質，略與《周官禮》《大戴禮記》《尚書大傳》所載古刑名說相類。自晉沿唐，有革有沿。文句大體，實相祖述。攟拾碎遺，研其由趣，斯亦足以觀其會通，察世輕重者矣。

叔孫通益律文爲傍章十八，漢律文多載儀式制度，或疑即傍章之文，而無堅證以明之。其張湯、趙禹、大小杜君之學，漢世傳習由用，陳群、劉劭猶尚及見，而如淳、孟康諸人，稱引舊文，不加識別，後世無從考辨，惜哉！莊周稱刑名比，詳溫城董君《決事比》，漢世與律令同用，令亦附入此類焉。輯律文第一。

漢律有古文，自李斯、趙高以來，故蕭何草律，著試學童史書之法，《說文》所載，模略可見也。《方言》《急就》《廣雅》《釋名》所傳詁訓，有關刑制，皆法家漢學所當省覽者。若略人略賣人之訓，斷以唐律舊注，不以道取爲正，藉《方言》證之，舉一以反，足可致思。陽湖孫先生嘗欲爲《律音義》，有由也。輯律詁第二。

《漢·藝文誌》録《法經》而不録漢律篇，晉《中經簿》，亡不可考。《隋·經籍誌》録存魏、晉以下之律，獨漢律不存。豈非舊律繁蕪，艱於傳習之故哉？其大略可考者，大抵依《晉誌》爲本，而雜采他書附益之。輯律篇目第三。

漢世法家，頗多異議，復肉刑，減死罪，其大端也。他如復仇輕侮，柯憲屢易，決囚造獄，小大以情，準《通典》雜議之例。輯律雜議第四。

《漢書·禮樂志》言『禮儀與法令同録，藏於理官』。至魏新律，乃別出常事品式章程，各還其府，以爲故事。然則漢律文繁，非獨前後相蒙，亦由所賅，廣博故也。諸官儀典職，有關刑名者，非必律文，而可觀漢制。輯以爲雜事第五。手稿及文集鈔本皆誤作『第六』。今正。

經義斷獄，《春秋》爲宗。《公羊》在漢世，尤《春秋》家顯學也。何劭公注，多與漢律義相表裏。陽湖劉逢祿治何氏書，集爲《律意輕重說》一篇，說或舛或漏，不盡可據。今加增考論，仍舊一篇，附於漢律之末。爲何氏公羊律意說第六。手稿及文集抄本皆誤作『第七』，今正。

高進喜獄議

手稿及文集抄本皆闕題，兹據金校補。驗手稿墨跡，亦中年作，當在刑部時。似尚早於漢律輯存凡例也。

謹案：高進喜殺死井潮悰手稿下文作『潮椋』，不知孰是，姑兩仍之。一案異議之由，實緣誤會父祖被毆例條，有擅殺配逃兇犯之文而起。不知例文屢稱擬抵，明專指殺人兇犯，係罪應抵命之人。惟其應抵，故未經到官，擬抵得讎之。擬抵減發，而在配潛逃猶得讎之。然至於擬抵後，援例減等，遇赦釋回，子孫即不當爲讎，讎殺仍照謀，故本律問擬。詳繹例意，可知應擬抵者，乃有復讎，不應擬抵者，即不得藉口復讎，妄相殺害矣。應擬抵者復讎，尚有限制，又可知不應擬抵者之復讎殺害，不得比例推廣矣。父受誅，子不得復讎，《春秋》家說也。殺人而義令勿讎，讎之者死，《周禮》明訓也。經律相參，罪人之子無復讎。無復讎則井潮椋雖逃徒，高進喜非應捕科鬥殺，於例義合。謹議。

絜玉庵辭

文前，文集鈔本本有款識兩行，年月一行，金校云似當列文後。細審體例，亦有不合。兹刪去。姑附於題下，以仍其舊。其款識云：『詒書三兄：六旬壽慶，屬余爲絜玉庵記，而未定庵之所左右風物也。記不能成，乃爲楚辭以祝之，記年月云。宣統十四年，歲在元弋奄茂，月在孟陬，律中太簇。』據此，則作於民國十一年正月。公騎箕之歲也。又案金云：此文似可刪。

聞姑射于蒙叟兮，曹不識仙山之所在。夫何大浸措天疑『稽天』之誤。而不溺兮，案乃知冰雪綽約之潛采。佩寶璐兮涉岡，火炎炎兮句停。五行既百煆而不毀兮，炡氣上天，麗乎朝陽。執熱兮捧盈朝視，□藉夕三省乎牙珩。溫溫兮集木，戰戰兮臨冰。崑山之阿或以抵鵲兮，余全受仝歸疑當作『全歸』。所明發懷而不寐兮，昔天球之陳東序也。若有聞於霜露兮，禔圭璧其世守。堅在磷泥不滓兮，保我躬焉其艾復。獻歲發春兮，六甲既句於五龍。積三年爲一世兮，予乃得今通三世以揆乎始終。褐之父其睨予兮，長陸離之珮璲。切磋琢磨僩以身修兮。尚庶式夫廉而不劌。嘉聲兮瓏玲，浮筠兮璨璀。師展禽民孫校云：『民』疑『氏』。以伴我影兮，期黃耇鯤孫校云：『鯤』疑『鯢』。齒而不忘夫初擦。『擦』疑『揆』。□同玉之貞，閩山之英，玉之貴，閩山之瑞。援北斗以酌桂漿，俾爾福而壽，俾爾昌而熾。

支那内學院緣起

天發殺機，芸生劫劫。政治學，殺機也。經濟學，殺機也。文學、哲學，殺機也。分析此時代人心原質，一話言，一思想，一動作，一合會，無不挾貪嗔癡三業以俱來。貪嗔癡者，殺種子歟！救貪嗔癡者，其不可以貪嗔癡，其當以清淨慈悲歟！吾庚戌自皖歸，即發此願，與楊仁山居士諸君集研究會於金陵。越辛亥而居士示滅，繼居士之志者，歐陽鏡無居士，既大闡瑜伽之學，學彌勒宗以鼓舞一世矣。邇來觀察時機，復觀察時機，設支那内學院，汲汲乎自他兩利爲己任。章程設教，儀具清規，具練行基，顯密俱備，一三兼攝。海内外善男子、善女人、大菩薩、大長者，具文殊智，行普賢願，末亦樂此而助成之者乎？吾涕泣道之，禱祀以求之。嘉興沈曾植。

東藩瑣述

朝鮮南地慶尚、全羅二道，爲古新羅、百濟故壤，與日本語言風俗大略相近，交通亦最久。自道光以前，朝鮮防倭之禁甚厲，然南地與日私仍往來貿易，不能絶也。開關以後，益醉心於日本維新之政，草莽横議，咸思變世族專國之習，邪人奸民，激而思借力於鄰國。其立論亦主自強，而大略取法日本。金、朴皆其黨魁，東學又漸其餘毒者也。金云：文未畢。

校讀後記

王國維一九一五年三月由日本回滬掃墓，隨後即去拜訪沈曾植，此後數年來往頻密，見面請益之外，多有信函往還。而留滬時每與羅振玉通信，幾乎没有不言及沈曾植的。期間一封信說：『乙老萬無成書之日，非記其說不可。』蓋沈雖學識廣博，著述弘富，但從不自加收拾。讀書隨手批校記於書眉，爲文成稿多爲零葉置之一堆。詩詞更是信手寫在報紙信封之上，勾抹塗乙，滿紙皆是。且多用章草書寫，極難辨認。王國維乃取其乙卯一年的詩稿，董理鈔校，終由孫德謙四益宧刻木刊行。這是沈曾植第一本單行的著作，時爲一九一七年，沈曾植六十八歲。

沈曾植在晚清以學問精博著稱，而尤其名動日俄。張政烺先生曾說：『一八八九年俄國人拉特禄夫在外蒙古和林以北，發現突厥、回鶻等文字碑刻，報告清朝的總理各國事務衙門。沈曾植最早進行考訂。』此後域外多引述沈氏之說，同時沈曾植也因此得到了李文田、盛昱的倚重。至有俄國學者卡伊薩林爲作《中國大儒沈子培》，日本學者西本白川爲作《大儒沈子培小傳》，一時名揚海外，傳記年譜均有記載。儘管如此，沈氏生前身後，刊刻印行的著作極少。生前除《寐叟乙卯稿》外，僅《皇元聖武親征録校注》附李文田書中而刊入知服齋叢書，《島夷志略廣證》刊入古學彙刊，專門之學，均在叢書中，流傳甚稀。身後則有《曼陀羅寱詞》《海日樓詩》，《寐叟題跋》影本、《蒙古源流箋證》、《元祕史補註》先後行世。《海日樓文集》則是學界久知其名而未見之書。

沈曾植殁後（一九二二年），《清史稿》及宋慈抱、謝鳳孫等所作傳記資料都提到沈氏有《海日樓文集》若干卷，具體情況則不甚了了。直到一九三二年，寐叟哲嗣沈熲刊布《沈乙盦先生海日樓遺書總目》，列目二十四種，其中提到『《海日樓文集》，現由孫德謙編校，內題跋較多，或另編單行本。』知道文集尚在整理中。一九三八年，沈曾植的學生王蘧常出版《沈寐叟年譜》單行本，附録《沈子培先生著述目》，其中收録了《海日樓文集》的詳細篇目。王先生將文集二卷，分爲十類，共一百五十六篇。並説『此由孫隘堪校勘，原稿叢殘，且多闕文，整理不易。孫逝世後蘧常復加董理』。則文集仍舊在整理當中。而年譜對文集中的文章多有引述，於沈氏之學有所闡揚，但仍難窺全豹。

直到一九六二年錢仲聯出版《海日樓札叢》，並將《海日樓題跋》重新編排增補附於其後，沈曾植學術體系的大概輪廓才得以顯現。錢先生《札叢》的跋語署一九四八年，對沈氏筆記叢札的情況進行了細緻的疏理。在《海日樓題跋》的跋語中還强調『凡收入《海日樓詩文集》者，不再復出』。再次提到了文集。

一九八九年錢先生在《文獻》總第三十九期發表了《龔自珍與沈曾植——沈曾植兩篇有關龔自珍的未刊文稿述評》，刊出的即是《海日樓文集》中的兩篇文章。

此後，從一九九〇年《文獻》總第四十五期到一九九三年總第五十六期，錢先生連續發表了

《沈曾植海日樓佚序》《沈曾植海日樓文鈔佚跋》《沈曾植海日樓佚碑傳》，共刊出序文二十九篇，跋八十篇，碑傳十二篇。又於一九九四年和一九九五年的《學術集林》二、三卷發表《沈曾植未刊遺文》，刊出沈氏其他佚文二十九篇。發表過程中，錢先生多有案語，對文集情況及編選原則加以說明。如：

『其《海日樓文集》上、下卷曾由孫德謙整理編排，其篇目見王蘧常《沈寐叟年譜》附沈先生著述目中。四十年前，聯親見此文集稿于沈氏家中（當時沈公子慈護館我于其家凡兩月），全部抄出。近加研究復閱，發現孫氏所編文集，有漏脱的文章未收入，如《頻伽精舍大藏經序》《文雲閣墓表》之類。且其中還有有目無文者不少。至其先後編次零亂顛倒，錯誤尤甚。爲此，聯重加編次，審定其寫作先後，補其缺篇及有目無文之篇。次第與孫編本大異。……沈氏文集，尚未刊布。其個別篇章（爲他人著作所作之序），僅載于他人著作之卷首，無單獨發表者。爲此，擬盡可能將其學術性的集內外文章，次第在《文獻》上發表，以餉國內外學術界。』（《文獻》總第四十五期）

『其文章遺稿，屬於學術性的專篇，多是題跋後記一體，爲數不少，今匯輯于此，以餉中外學術界。凡已收入《海日樓札叢·海日樓題跋》者不復出。』（《文獻》總第四十九期）

『沈曾植先生碑傳文，所存不多，然其中龔自珍、文廷式、楊文會，皆清後期學術界重要人物。其餘亦鄉土舊賢及其他可供參考的資料。』（《文獻》總第五十六期）

『至於《海日樓文集》，則尚未刊行，余于四十多年前客慈護先生家編《札叢》時曾鈔録一副稿，于一九九零年《文獻》第三期以後，次第將其中序跋碑傳各文鈔出發表。今應《學術集林》之請，鈔出其他尚未發表之文，以饗學術界同好。』（《學術集林》卷二）

一九九五年，廣東省新聞出版局提出規劃，由局裏策劃選題並補貼出版費用，各出版社落實出版。當時，我提出了一個出版沈曾植、羅振玉、王國維、陳寅恪、陳垣、容庚等人文集或者全集的計劃，很快獲得通過。局領導請蘇晨先生總其事，立即組織約稿。約稿的過程很周折也很有趣。黄秋耘先生爲介紹陳美延老師，陳老師説陳寅恪的所有著作都只交三聯出版。张其凡先生爲聯繫陈智超先生，陳先生説陳垣全集已經整理完畢交付出版社了。最後拿到的只有沈曾植、羅振玉、王國維三種。而只有《王國維全集》因與浙江教育出版社合作，才得以成功出版。

請錢仲聯先生編校《沈曾植集》，正是因爲看到了上述錢先生發表的有關文獻。一九九五年五月，蘇晨先生帶着我和出版社的領導到蘇州向錢先生約稿。約稿的整個過程，蘇晨先生當年就寫了文章發表。我記得的則是一些小事。我們最初是希望能編一個比較全的集子，涵蓋詩文和專著。錢先生説《海日樓詩校注》已交中華書局並已付排，所以最後定下來將《文集》《札叢》《題跋》合出，定名爲《沈曾植文集》。錢先生讓我們等在蘇州，他馬上就可以點好，我們可以把稿子帶回來。等了幾天不記得了，但其間多次到錢先生家核對複印稿。錢先生威嚴，每次見到他的學生都是站在他旁邊，不插一言。對我們則客氣和藹。蘇晨先生請錢先生寫個扇面，錢先生説很少寫扇子，讓我第二天去拿。第二天，錢先生拿出的卻是一個條幅，張口問我：我的字好不好？我當時年少無知，驚得一身冷汗，只得說，學人字，好！錢先生說那你明天再來，我給你寫一幅。

錢先生點好後，我們將稿子帶回來，蘇晨先生說這部文集篇幅最少，指定我做責任編輯。編校過程頗爲不易，歷經四個月方得以初步完成，交付出版社。這期間，許多錢先生的來函，大多關係到編校原則及體例，也頗能體現當時編校的過程，現將有關的八通附録於後：

一

宋浩同志：

在蘇晤談，至快。惜無時間多敍。

別后，再將《文集》《札叢》《題跋》逐冊、逐頁、逐句仔細複校一下，將三書中誤漏等處，寫成勘誤表三頁奉上，請照此於複印本改正。

前言重寫了一篇，共三十五頁，把文集、札叢、題跋全包括進去，仍然分三個部分寫，札叢、題跋兩部分改動較大，原來排印本上的作廢，不可用了。

協議書清本尚未收到，第二筆預付稿費五仟元尚未蒙寄下。希望早日匯下，聯確實爲本校限期購屋事發愁也。茲寄奉的前言及勘誤表，用掛號寄，收到後盼示覆。此頌編安。

錢仲聯一九九五年六月十二日

社長諸公，請代致候。

二

宋浩同志：

六月二十日大函敬悉。奉覆如下：

預付稿酬的第二筆五仟元，於六月十二日滙到蘇州敝處，已寫收據回信給出版社楊永信同志。正式合同亦收到，已簽字蓋章後，掛號寄回廣東高等教育出版社楊永信同志。

囑寫《海日樓文集》簽，遵命寫就，茲掛號寄上。

大函云『《濤園集序》有缺漏部分』，囑複印補上。查敝處所存底稿，該文是簡體字横排，剪貼上。可能公等在蘇複印時，該剪頁反面的文字，没有複印，致有缺漏。茲由聯親筆用繁體字抄寫一份奉上，即請用聯抄奉的，原剪貼横排的不用。囑爲先業師《茹經堂文集》作跋，該文集共有六編之多，不知貴處是否六編都具備。聯處原有此書，『文革』全被抄去被毁。現已片紙無存。雖作跋文，也不能説空話。貴處可否將每一編的原序原跋複印一份給我，以便參酌后動筆

（全書不要寄來，寄回時郵遞麻煩）。

匆覆，即頌

編安。

錢仲聯一九九五年六月二十八日

三

宋浩同志：

六月二十日大函收到后，即覆一函，諒達左右。廣東高教出版社之合同及第二筆預付稿費五千元俱已收到并直接複信去矣。

聯爲《海日樓文集》等三書寫的前言（我未留底），我校有關部門要看，要代爲宣傳，故請貴處複印一份寄聯爲感！香港有位專門研究沈曾植的人（學者）要來訪我，我已托他在港地大力宣傳。

《茹經堂文集》共六編之多，要聯作跋，也是貴處擬出版否？

匆上，即頌

撰祉。

錢仲聯一九九五年七月四日

四

宋浩同志：

七月四日快件，今日（七月七日）上午收到。逐項奉覆如下：

一、關於《茹經堂文集》事，您複印給我的序文及篇目，乃是《茹經堂文集》的初編，是木刻本。初編以後，還有二編、三編、四編、五編、六編，都是鉛字排印本，未刊木版，因價昂之故。貴處只有初編六卷，僅占《茹經堂文集》全集的六分之一。如果貴處把它出版，似乎太少，並且不是全集。命聯作跋，僅能就初編作跋，擬奉賜教。

二、來函云：『先生所附「勘誤」，「題跋卷，卷二末七行删去」，是否即指卷二，一百頁之宋拓殘本閣帖跋二篇題文七行？』按卷二末七行無可删之處，您這次寄我的勘誤表文集第二卷項下也無此語。一百頁之《宋拓閣帖殘本跋》（不叫殘本閣帖跋）題文一行文十四行，都不能删去。（此文在《海日樓文集》卷三中，不是卷二）我在眉角寫的鉛筆字是四十二（即四十二頁），不是一百頁。來函所云，怕有誤會。現在，您也不必再去查點，所謂『末七行删去』，末七行不要删去就是了。

三、王國維《沈乙庵先生七十壽序》，來函云我說『出自《觀堂集林》卷十九』。您說商務本《王國維遺書》之《集林》卷十九無此文，而在卷二十三卷中。按《觀堂集林》有好幾種版本，最早的是仿宋體鉛字排印單行本，我云卷十九，即據此本。此外又收在《王忠慤公遺書》《王靜安先生遺書》二書中，大概因此而致卷數不同，我所據本，現已成難得之孤本（現在手中也没有了），就照您的辦法，改爲『卷二十三』就行了。

四、《李審言學制齋駢文序》，您云與《李審言文集》多異文。按沈氏爲人作詩文集序，常有與他人印出之集，有些異同。我出的《文集》是據孫文德謙的校定本。此文亦經孫氏校定，故與《李審言文集》所載，小有異同，兹據《海日樓文集》，不依《李審言文集》本。李氏文集本，反有錯誤之句，如『比兩爲三』，李集作『此兩爲之』，就是不通。『比兩爲三』，以李氏與上文『蓉甫』『芥子』二人相比，鼎足而三也。其餘李集本還有標點錯誤處，與沈集無關涉，不舉告了。（與李集不作校勘按語，沈集已成定本，我不再化此無謂之精力了）

五、『銘贊二十三篇』，『三』字是『二』之誤，不是十一篇。二十二篇者：

研銘十二首（題下小注第一句『十二首』，誤寫爲『都十三首』，改正爲『都十二首』）

杖銘一首

新甫杖銘一首

秀水陶元暉中丞象讚一首

韌盦先生象贊一首

方君像贊一首

某翁象讚一首
八徽圖讚一首
張母桂太夫人象贊一首
乙庵自讚一首
造像自讚一首

請在《海日樓文集》卷首目録卷四項下『銘贊二十三篇』一併改正爲『二十二篇』。卷首目録卷四『壽序五篇』請改正爲六篇。

您鈔來您寫的目録，『銘贊十一篇』，應改正爲『銘贊二十二篇』。『研銘』題下增『十二篇』三字，以清眉目。

目録『祭誄』下『三篇』改正爲『四篇』。

感謝您的細心，查對出一些數目不合處，今悉改正如上。

《茹經堂文集》既是不全之書，僅占六分之一，出版似乎不妥。囑爲小跋，數日后奉上，今當放假，校事叢集，心思不能集中。

匆覆，即頌

暑祺。

錢仲聯一九九五年七月八日

五

宋浩同志：

昨掛號郵上有關勘誤等的材料，此時諒達左右。囑寫《茹經堂文集》跋，今日上午趕寫完畢，兹仍掛號奉上，跋中所述，無一錯誤，因毛筆寫在寄來的舊紙，如加標點，便不雅觀。故不加斷句與標點。

前函乞複印《沈曾植文集》等三書的前言賜下，千乞照辦。時間則不急於在數日内也。匆上，即頌

暑祺。

錢仲聯一九九五年七月八日

六

宋浩同志：

收到七月十七日大函及前言複印件，十分感謝！

細核前言複印件，尚有四處有錯，乞改正如下：

一、二頁十二行『大致有　個部分』。空白的一格，要補以『八』字。
二、六頁三行開頭『祥》』，要將『》』號删去。
三、十五頁九行第六字『其』字下要增一『過』字。
四、三十一頁五行『是影印沈手手寫之稿』，要改正爲『是影印沈氏手寫之稿』。

費神，感謝不盡！專覆即請

夏安。

錢仲聯一九九五年七月二十一日

七

宋浩同志：

今歲久熱，苦甚。香港中文大學一研究生暑假中爲沈曾植書法研究事到敝處訪問，回港後，新近寄來縮印（影印）寐叟手書《榮禄大夫李君墓志銘》一件。久知有此文，但其家中亦失之，今乃得之於意外。冒暑抄奉，請補入卷四『碑銘類』《廣西巡撫吴公昌壽墓志銘》一篇之後。原來首册目録第二張卷四『碑銘八篇』的『八』字改爲『九』字。費神爲感。如已來不及插入，則請於卷四末添一『補遺』録此文，目録上『碑銘八篇』也可不改。

急速寫成寄上，不盡一一，統請酌奪。此請

編安。

錢仲聯一九九五年九月四日

八

宋浩同志：

大函及複印汪、繆二家師友書札中關於沈曾植書札均收到。

沈氏書札，其文多不經意，往往是一般書信筆墨，與文集中所收文字古雅者不同，内容亦欠學術性。今選若干入文集，其目如下：

《汪康年師友書札》八（一一三九頁）、九（一一四〇頁）、十（一一四一頁）、十三（一一四三頁）。

《藝風堂師友書札》五（一七四頁）、十一（一七六頁）、十三（一七七頁）、十七（一七九頁）、十八（一八〇頁）。

以上九篇，請倩人一鈔（與汪康年的信，可用複印的剪貼；與繆藝風的因是横排本，只能鈔出，好在不多），題目只需兩個，給汪康年的總名《與汪穰卿書》，選文四篇連列；給繆藝風的總名《與繆藝風書》，選文五篇連列。因選入之信，非同時所作（所選書信，給汪者最後至光緒庚子左右，與繆者在光緒末、宣統初），只得插在文集卷一『書六篇』中的《與陶制軍書》的後面，《與金潛廬太守論詩書》的前面。目録卷一『書六篇』改爲『書十五篇』。

沈曾植的尺牘相當多，僅嘉興圖書館中，即藏有沈氏與其弟子金甸丞（即潛廬）的信不少，都是談修浙江通志事。《文集》收有《答王靜安……》一書，亦是論修志事的。『尺牘』與『文集』是兩碼事，將來搜輯『尺牘』之事，只得由他人來搞，我年太老多病，無此能力矣。

匆覆，即頌

編安。

錢仲聯一九九五年十月十五日

需要説明的是：從蘇州回來途徑上海，剛好買到了《茹經堂文集》，便致信請錢先生題跋。此雖與本文無關，但足以見先生的嚴謹和對師門的情誼，故存之。

錢先生鈔録來並未留底的《前言》以及數次鈔録來的文本及校勘，均已交付出版社，並未留存。後經蘇晨先生刊入《學土》第一辑。而後來先生將前言以及《茹經堂文集跋》發表於《蘇州大學學報》（哲學社會科學版）一九九六年第四期，所用的《前言》即是本書的前言，並未採用爲《文集》

《札叢》《題跋》三書合集而改寫的三十五葉的《前言》。

第四函所言『研銘十二首』誤寫爲『十三』，後經細審則無誤。蓋其中有兩則合鈔爲一，今已析出。另所言，『沈氏爲人作詩文集序，常有與他人印出之集，有些異同。我出的《文集》是據孫丈德謙的校定本。此文亦經孫氏校定，故與《李審言文集》所載，小有異同，兹據《海日樓文集》，不依《李審言文集》本』，則是强調文集如有異文，謹依底本的原則。

第八函則是，我見到相關資料即寄呈先生存覽，故今並未收入文集。而先生對尺牘與文集的看法則相當重要。

本書所刊僅爲《海日樓文集》部分，並未收入《札叢》和《題跋》，因兩書已有再刊之本。現在所刊的《海日樓文集》或許並不是一個最終本。錢先生校點所據的底本爲複印件。有四種字跡，一爲王蘧常毛筆鈔校，一爲錢先生毛筆鈔校，一爲錢先生硬筆鈔校，一爲複印雜誌等刊本文字。錢先生在此複印稿上標點編輯、董理注文。校記均體現在註文中，多有存異，闕疑仍之。今均保持底本式樣，以存文獻原貌，以留前輩整理之艱辛痕跡。一九九五年底，曾帮助編校《二十世紀書法經典》叢書，曾見《沈曾植》卷未定樣本中，將王蘧常先生所鈔《定盧集序》與錢仲聯先生所鈔《跋星鳳樓帖》誤收集中，所收即是本書底本原件，則底本原稿尚在人間。叢書正式發行之本，兩先生所鈔之圖均已删去。今所幸尚存當時之樣本，即影出兩先生鈔本作爲插圖；《業師兩先生傳》原稿，則爲嘉興博物館藏本。

當時編輯好的書稿，合《海日樓文集》《海日樓札叢》《海日樓題跋》三種爲《沈曾植集》，一九九五年十月間即交付出版社，但遲遲未能出版。到二〇〇三年，我轉到出版社工作，便致函錢先生，問可否轉到我所在的單位出版。錢先生于六月六日回函很激動，說『沈曾植文集出版事，……謹委託閣下代表我辦理一切』。末署『九十六歲蘇州大學終身教授、博士導師、博士後導師錢仲聯謹覆』。然事終未果，錢先生也于当年十二月逝世。此後经年，此事一直縈繞於心，也經常與人談起，謀擬出版，終不成功，而所編稿件當亦難再尋出。所幸，當時編輯稿件時，曾將《海日樓文集》複印一份自存備查。今年偶又翻閱，見複印的字跡已經開始模糊，於是幾經周折，請人排出。而今年恰逢錢仲聯先生誕辰一百一十週年，也是錢先生逝世十五週年。萬事自有因緣，信然！今《海日樓文集》得以順利出版，則是对先生最好的纪念。遼東後學宋浩校訖附記。二〇一八年七月十五日。

纸日
书院

logo設計：伍斌